법률행위의 해석

법률행위의 해석

Karl Larenz 지음

엄 동 섭 옮김

서강대학교 출판부

Karl Larenz

법률행위의 해석

초판인쇄 2010년 1월 25일
초판발행 2010년 2월 1일

지은이 Karl Larenz
옮긴이 엄 동 섭
발행인 이 종 욱
편집인 우 찬 제
발행처 서강대학교 출판부
서울특별시 마포구 신수동 1번지
등록번호 1978년 9월 28일 제313-2002-170호
tel 02)705-8212 / fax 02)705-8612
www.sogang.ac.kr/~sgpress
인쇄처 한컴인쇄정보 tel 02)2274-3394

ISBN 978-89-7273-160-3 93360
정가 12,000원

머리말

Göttingen 대학 법학 및 국가학부에 의해 교수자격논문으로서 인준을 받은 본고는 그 본질에 있어서 방법론적이며 체계론적인 관심 — 즉 방법론적으로 담보된 법적용이라는 요청의 고려 하에서 법학의 과제를 충족시키기 위하여 체계적인 법학이 필요로 하는 개념형성의 논리적 특질을 명확히 하고자 하는 노력에 의해 성립되었다. 따라서 본 연구의 주안점은 현행의 법상태에 대한 서술이나 개별적인 사안의 결의론적(決疑論的, kasuistisch)인 취급에 놓여져 있기 보담은, 지도적인 원칙의 발전과정 및 문제의 개념적인 파악의 발전과정에 놓여 있다. 그 경우 고찰은 그 결과가 직접적으로 통용력을 발휘하게 될 현행의 독일 私法에 연결되기는 하지만, 그러나 의사와 표시의 관계 및 해석에 있어서의 주관적 관점과 객관적 관점의 관계와 같은, 고찰의 대상이 되는 문제들이 "영원한 과제"라는 의미에서 시대를 초월한 법학의 제 문제인 이상, 고찰은 독일의 現行私法을 넘어서야 하고, 이러한 "영원한 과제"는 개별적인 실정법에 국한될 수 없으며, 아마도 결코 — 또한 이 논문에 의해서도 역시 — 철저하게 해결되어 질 수는 없을 것이다. 바로 그런 이유에서 法史學的 硏究 및 比較法的 硏究의 결여가 아쉽게 여겨질지 모른다. 그러나 다음과 같은 점이 생각될 수 있다. 즉 모든 비교는 하나의 확실한 비교의 기준을 전제로 하고, 또한 역사적인 고찰은 항상 고찰자의 관점에 의해 조건지워지

며, 따라서 법사학과 비교법학 자신은 하나의 체계적인 법학을 전제로 하는데, 이러한 체계적인 법학은 법사학 및 비교법학과 함께 비로소 법학의 전체를 이루기는 하지만 그러나 동시에 그 자신의 측면에서 방법론상 독자적으로 기초지워져야 한다. 그 경우 체계적인 법학은 자신의 출발점을 특정의 실정법으로부터 가져와야 하지만 그러나 그 가운데서 시대를 초월하는 제 문제를 파악하여야만 하며, 이러한 제 문제는 법학이 다양한 실정법들 가운데서 그리고 이러한 실정법들의 상이한 역사적 발전단계에서 봉착하게 되는 것으로, 법학이 과학이 될 수 있어야 한다면 결국 그러한 문제들의 해결이 중요한 것이다. 그렇지만 체계적인 법학의 방법은 본 연구가 종결된 직후 나에게 도달된, Schönfeld가 주장하는 "변증법적 법학(dialektischen Jurisprudenz)"[1] 방법론과 다를 바 없다. 왜냐하면 우리들이 법적인 현상들 가운데서 추구하는 체계적 단일성이란 우리에게 이미 주어져 있는 것이 아니라 우리에게 과제로 부과되는 것으로서 하나의 이념이고, 체계란 실정법 체계 안으로 그 개념적 기초로서 들어오는 제 범주(die Kategorien)의 구별 및 분류에 다름 아니기 때문이며, 이러한 구별 및 분류는 이념 자신의 변증법적 자기운동으로서 이념 내부에 포함되어 있다. 따라서 체계적인 법학은 체계적인 단일성 즉 체계의 변증법적 성격 가운데서 실정법 체계의 개념적 기초들을 파악하여야만 하고, 나아가 형식적인 방법을 이용할 수 있을 뿐 아니라 이데올르기적인 방법과 목적론적인 방법도 이용하여야만 하는데, 이러한 방법

1) "Über den Begriff einer dialektischen Jurisprudenz", Greifswalder Universitätsreden 20.

들의 학문적 · 인식론적 근거설정은 법철학의 과제이다. 체계적인 법학을 논리적 인식론적 탐구의 기초 위에 설정하려고 하는 시도가 오늘날 결여되어 있는 것은 아니지만, 여기서 거론될 Wien 학파의 연구들은 바로 다음과 같은 기본적인 점을 제대로 이해하지 못하고 있다. 즉 법학의 논리는 예컨대 수학이 사용하는 것과 같은 형식적인 논리일 수는 없으며 오히려 목적논리(Teleologik) 즉 바로 변증법적 논리이어야 하고, 이 논리는 의미함축적인 제 규범의 연계(Zusammenhang)로서의 법의 논리적 특성 가운데서 그 근거가 설정되며, 제 규범의 전체는 그 규범들의 목적론적인 원칙인 법의 이념이 최종적으로 그 기초에 놓여져 있다는 바로 그 사실을 통하여 의미단일성(Sinn-Einheit)을 창출해낸다는 점을 Wien 학파는 이해하지 못하고 있다. 이러한 점은 바로 해석의 기초를 이루는 귀속(Zurechnung) 개념에 있어서 드러난다. 우리가 그것에 대해 법적 범주로서의 기본적 의미를 배정해 주는 이 개념은, Kelsen의 법이론 가운데서도 유사한 의미를 내포하고 있다. 그러나 Kelsen의 법이론에 있어서 귀속개념은 단순한 논리적 관계로서 순수하게 형식적으로 생각되고 있다. 즉 법률가가 그것을 통하여 어떤 사람에 있어서의 법률요건과 법률효과를 특정의 귀속주체에 연결시키는, 전적으로 형식적인 관계로 생각되고 있다. 그렇지만 그것을 통하여 어떤 행위주체 · 의사주체(意思擔荷者 Willensträger)의 책임(Verantwortlichkeit)이 설정된다는 식으로 어떤 행위를 어떤 행위주체에, 즉 어떤 의사표명(Willensäußerung)을 어떤 의사주체에 연결시키는 것이 문제될 때, 바로 그 때 우리는 귀속에 관해 언급하며, 따라서 귀속개념은 목적론적 · 규범적 의미로써만 이해될 수 있는 것이다; 왜냐하면 내가 전에 지적한 바와 같이[2] 어떤 행위 혹은 그 밖의 의사표명과 의사주체와의 관련성은 오직 목적론적으로만 파악되어질 수 있으며, 책임의 기초로서의 귀속은 법의 규범적 의미 그리고 결국은 법이념으로부터만 파악되어질 수 있기 때문이다. 따라서 체계적인 법학을 위해 이 개념을 보다 생산력 있는 것으로 만들기 위해서는, 연결의 형식적인 측면 만을 고찰하는 대신 우리가 귀속이라고 표현하는 연결의 특별한 방법을 그 목적론적 · 규범적 의미 가운데서 파악하는 것이 타당하다. 형식적-논리적 고찰과 목적론적 · 변증법적 고찰 사이의 동일한 대립이 법효력(Rechtsgeltung)의 개념과 관련하여 나타나는데, 그 개념에 관해서는 "법효력의 문제"[3]에 관한 필자의 논문을 참조하기 바라며, 그 논문은 법철학적 기초의 측면에서 본고를 보충해준다.

이상과 같이 특징지워지는 기본입장과 함께, 본고는 Julius Binder의 법철학 특히 그 방법론적 결과 위에 기초하고 있다. 나아가 나는 나의 스승이 본고에 대해 보여 준, 기꺼운, 이해력이 풍부한 그리고 자극적인 관심에 관해, 존경하는 스승에게 감사드린다.

Göttingen, 1929년 3월.

Karl Larenz.

---

2) Vgl. Larenz, Hegels Zurechnungslehre und der Begriff der objektiven Zurechnung, Deichert, Leipzig 1927.

3) "Das Problem der Rechtsgeltung", Sonderheft der Deutschen Philosophischen Gesellschaft, Berlin 1929.

목차

약어표

아래의 책들은 저자의 이름만으로 인용된다:

Danz : Die Auslegung der Rechtsgeschäfte. 8. Auflage.

Enneccerus : Lehrbuch des bürgerlichen Rechts. 30.-34. Auflage. Bd. I, Teil 1. (Allgemeiner Teil).

Henle : Vorstellungs- und Willenstheorie in der Lehre von der juristischen Willenserklärung.

Manigk : Irrtum und Auslegung.

Oertmann, Kommentar : Der allgemeine Teil des B.G.B. 8. Auflage.

Oertmann, R. O. und V. S. : Rechtsordnung und Verkehrssitte.

Titze : Die Lehre vom Mißverständnis.

v. Tuhr : Der allgemeine Teil des deutschen bürgerlichen Rechts. Band II, Teil 1.

서 론

서 론

법률행위의 해석이론은 오늘날에 이르기까지 아직 어떤 결론에 도달하지 못했으며 오히려 서로 대립적인 방향들의 투쟁양상을 보여주고 있는데, 이 방향들에 대해서 개별적으로는 여러 가지 수정이 이루어진 것 같이 보이며 그 가운데 어느 것도 전적으로 순수하게 관철되고 있지는 않지만, 그러나 또한 그들 사이에 아직까지 어떤 효과적인 절충이 성공하지도 않았다. 해석이 얻고자 애쓰는 목표가 이러한 다툼의 대상이다. 우선 우리는 보다 오래된 문헌들 가운데서, 당사자의 내심의 의사의 탐구가 해석의 목표로 제시되고 있음을 발견한다.[1] 그것과는 정반대로, 해석에 관한 Danz의 저술 이래, 해석은 의사의 탐구와는 무관하며 오히려 표시의 의미의 탐구, 보다 정확하게는 표시의 法標準的인(rechtsmaßgeblich), "법에 의해 그 표시에 귀속되는"[2] 의미의 탐구와 관련을 맺고 있다는 설명이 지배적인 것이 되었다. 이에 따르면 해석의 목적은 표시에 내재하는 의미의 확정이며, 보다 정확하게는 여러 가지 가능한 의미들 가운데서 바로 법이 표준적

---

1) Vgl. Windscheid, Lehrbuch des Pandektenrechts Bd.I, 7.Aufl. S.231. Dernburg, Pandekten Bd.I, 8.Aufl., S.217. 이러한 견해는 Seuffert, Praktisches Pandektenrecht, 4.Aufl.(1860) Bd.I, S.106 에서도 다음과 같이 명백히 표명되어 있다: "법률행위의 해석은 표의자(der Urheber einer Willenserklärung)가 그 의사표시에 있어서 실제로 무엇을 생각했던가 하는 문제와 관련을 맺고 있다."

2) Hölder, Kommentar Bd.I, S.298. Enneccerus, S.528도 이와 유사함: "해석은 어떤 의사표시의 법과 관련하여 결정적인 의미를 탐구하지 않으면 않된다."

인 것으로 간주하는 의미의 확정이다. 그러므로 해석은 단순히 문법적이거나 논리적인[3] 의미해석(Sinndeutung)이 아니라, 특수한 법학적 의미해석이다. 따라서 해석의 방법을 개발해내는 것, 즉 법관이 "해석" 이라 불리는 자신의 활동을 함에 있어 따라야 할 원칙을 제시하는 것이 법학의 과제 가운데 하나이다. 그러나 그 방법은 그 방법에 의해 달성되어야 할 결과에 의해 목적론적으로 조건 지어 진다 — 따라서 해석의 원칙들은, 그것을 위해 해석이 법적용의 일부분으로서 봉사하도록 정해져 있는 목적사고 가운데서 그 근거가 설정되어야만 한다. 어떤 기준에 따라 의사표시의 "법표준적" 인 의미가 결정되어야 하는 지가 이제부터 문제이다. 우리들은 문헌들 가운데서 다양한 기준이 제시되고 있음을 발견한다. 예컨대 일반적인 즉 "합리적인 제3자" 에게 친숙한 거래관행적인 의미가 법적으로 표준적인 것이 되어야 한다고 하거나, 특별한 상황이나 표의자의 언어사용법에 따르면 일반적인 의미이든, 아니면 바로 특정의 표시상대방에 의해 이해되어질 의미이든 간에 개별적인 의미가, 법적으로 표준적인 것이 되어야 한다고 한다. 그러나 사람들은 종종 다음과 같이 생각하기도 한다. 즉 표시의 의미는 어느 정도 표의자의 주관적 견해에 따라 판단되어야 한다거나, 해석은 가능한 한 널리 표의자의 의사에 대해 효력을 부여하여야 한다는 생각이 그것이다. 이와 같이 표시의 법표준적인 의미와 관련하여 표의자의 의사에 대해 결정적인 영향력을 부여하는 주관적인 해석방법도 순수하게 객관적인 해석방법 — 이는 다시 개

3) 고전적인 이론은 문법적인 해석과 논리적인 해석을 구별한다. 그에 관해서는 註1 에 인용된 문헌을 참조하라.

별적인 해석과 일반적인 해석으로 나누어 질 수 있다 — 과 함께 자주 주장되고 있다. 그리고 해석은 의사의 탐구라고 주장하는 고전적인 견해는, 비록 객관적인 요소를 위하여 자주 완화되어 지기는 하지만, 이러한 방향으로 계속 나아가고 있다. 끝으로 객관적 해석방법과 주관적 해석방법을 각기 다른 적용영역 — 예컨대 거래적 행위(Verkehrsgeschäft)와 비거래적 행위 — 에 배정함으로써 양자를 양립시키거나, 양자를 어떻게든 결합시키려는 시도가 자주 이루어져 왔다. 앞으로 우리는 이러한 모든 시도를 다룰 것이다. 우선 다음과 같은 점이 지적될 수 있다. 즉 문헌들 가운데서 개별적인 사항들에 관해서는 풍부한 논의가 이루어지고 있음에도 불구하고, 해석의 목적론적 근본사상에서 출발하여 상이한 견해들 가운데서 근본적인 결단을 내리려는 시도와, 원칙적인 방법으로 그리고 일반적인 법이론적 熟考로부터 해석방법의 근거를 설정해주려는 시도가 결여되어 있다. 앞으로의 상세한 논의는 이러한 과제에 봉사할 것이다.

그러나 이론만이 해석의 방법을 결정하는 것은 아니고 실정법규정을 통해 그 방도가 지시되어 있기도 하는데, 그러한 실정법규정 자체는 물론 해석을 필요로 한다. 그러한 것으로 우선 독일민법 제133조와 제157조를 들 수가 있다. 그리고 독일민법은 제2084조에서 유언에 의한 처분행위의 해석에 관한 한 개의 특별규정을 두고 있다. 해석방법에 관한 기본원칙을 담고 있는 이러한 일반규정들 이외에 독일민법은 약간의 사안들에 있어서 특정의 의미가 통상의 경우에는 표준적인 것임을 규정하고 있다.[4] 독일민법은 여기서, 문제의 처리방법을 규정하는 데 그치지 않고 어떤 표현의 여러 가능한 의미들 가운데서 어느 하나를 처음부터 법표준적인 것으로 제시함으로써, 해석의 결과를 先取하고 있다. 따라서 독일민법은 여기서 법관으로 하여금, 해석을 통해 스스로 그 때 그 때 마다 적절한 의미를 탐구하여야 하는 필요성으로부터 해방시키고 있다. 결국 이러한 규정들은 해석의 방법에 관하여 아무 것도 말해주지 않고 있다; 따라서 이러한 규정들은 여기서 더 이상 고려되지 않는다. 또한 독일민법 제2084조도 좁게 한계 지어진 영역에 적용되는 특별규범 만을 설정하고 있고 그것을 통해 방법론적 근본문제가 다루어지지는 않는 까닭에, 우선 고려밖에 놓인다. 그것과는 정반대로, 법률상의 근본원칙을 명백히 하기 위하여 독일민법 제133조와 제157조는 이제 상세히 검토되어야 하며, 그리고 그것으로부터 앞으로의 논의가 출발하여야 한다.

제133조는 다음과 같이 말하고 있다: "의사표시의 해석에 있어서는 실제의 의사(wirkliche Wille)가 탐구되어야 하며, 표현의 문자적 의미(buchstäblicher Sinn)에 구속되어서는 아니 된다." 이 조문의 문언에 있어서는 우선 다음과 같은 점이 주의를 끈다. 즉 이 조문은 가능한 모든 범위를 결코 빠짐없이 포괄하지는 못하는, 따라서 아마도 두 가지 경우 가운데 어느 하나일 수밖에 없는, 두 개의 對句(Gegensatz)를 들고 있다. "표현의 문자적 의미"에 대하여는 "진정한 의미(der wahre Sinn)"가, "실제적 의사"에 대하여는 "외관적 의사

4) 이러한 해석규정들(Auslegungsregeln)과, 제133조 및 제157조에 담겨져 있는 "해석법칙들"(Auslegungsgrundsätze)과의 차이점에 관하여는, Oertmann, R.O.u.V.S., S.218ff.를 참고하라. Oertmann은 또한 그 책 258면 이하에서 고찰의 대상이 되는 법률규정들에 관해 상세한 개관을 하고 있다. 이 규정들이 어디까지가 해석규정으로, 그리고 어디까지가 임의규정으로 간주될 수 있느냐는 문제에 관해서는, 여기서 상세히 논할 수 없다. — 나아가 Titze S.480, Anm.33 을 참조하라.

(ein scheinbarer Wille)"가 아마도 대립관계에 설 것이다. 따라서 제133조의 첫 번째 구절과 두 번째 구절은 서로 모순관계에 있다: 첫 번째 구절은 비록 어떤 "외관"이 표시를 통하여 명백히 그 근거를 부여받고 있다 할지라도 이러한 "외관적 의사"에 대한 고려를 금지하는 반면, 두 번째 구절은 "문자적 의미"만을 배제할 뿐이며 해석의 목적을 "표현의 진정한 의미" 가운데서 파악하는 가능성은 미해결로 남겨두고 있다(offenlassen). 따라서 "실제적 의사가 탐구되어야 하며 표현상의 의미에 구애 받아서는 아니 된다"는 뜻으로 제133조를 해석하거나, 아니면 "진정한 의미가 탐구되어야 하며 문자적 의미가 탐구되어서는 아니 된다"는 뜻으로 제133조를 해석할 수 있는 가능성이 발생한다. 그러나 만약 제133조를 오늘날의 지배설처럼 後者의 의미로 파악한다면, 제133조는 무엇이 표시의 "진정한", 즉 법적으로 표준적인 의미인가에 대해 아무 것도 말하지 않게 된다. — 따라서 근본적으로는 하나의 동의어 반복(Tautologie)에 불과하다.

그리고 이러한 해석은 입법자의 의사에도 상응하지 않는다. 오히려 그들은 당사자의사의 탐구를 해석의 과제로 간주하는 견해의 영향 하에 있었으며, 이러한 견해를 바로 제133조를 통해 표현하고자 했다. 또한 입법이유서(Motive)에도 해석의 과제는 "의사탐구(Willenserforschung)"라고 표현되어 있으며, "계약에 있어서 계약체결자가 말한 바의 실제적 의미가 중요하지 않고, 상대방이 상황에 따라 이를 어떻게 파악해야 하는 지가 중요하다는 이론"이 명시적으로 거부되어 있다.[5] 법안의 기초자들은 "말한 바의 실제적 의미"를 그러

5) Vgl. die Motive zum Bürgerl. Gesetzbuch zu §78.

한 말을 한 자가 생각했던 의미로서 이해하고 있음을 명백히 했으며, 바로 이것을 그들은 "실제적 의사"라고 표현했다. 따라서 제133조에 의해 탐구되어야 한다고 규정되어 있는 "실제적 의사"는, 표의자에 의해 생각되었던 이른바 주관적 표시의미와 같은 뜻을 가진다. 그러므로 민법은 제133조 대신에 다음의 규정을 둘 것을 권장한 Zitelmann[6]이 제안했던 입장 위에 결코 서 있지 않다:

"어떤 사람의 容態가 거래관념에 따라 의사표시로서 파악될 수 있을 때 의사표시가 존재한다. 의사표시는 그 의사표시가 거래관념에 따라 가지는 의미 가운데서 효력을 가진다. 만약 표의자가 자신의 의사를 표현함에 있어서 실수를 했거나 의사표시와 관련을 맺고 있는 사람이나 객체를 혼동했다면, 어쩌다 의사표시의 수령자가 그 실수나 혼동을 인식한 경우에만 그 의사표시는 실제로 의도되었던 바대로 혹은 혼동이 없었더라면 이루어졌을 바대로 효력을 가진다."

요컨대 Zitelmann은 객관적 일반적 해석방법을 권장하였으며, "falsa demonstratio non nocet"라고 알려져 있는 법원칙에 상응하는 특정의 경우에만 주관적 표시의미가 그 대신에 법표준적인 것으로 취급되어야 한다고 한다. 그러나 제133조는 바로 다음과 같은 원칙을 말하고 있는 것으로 보인다: "의사표시는 그 표의자가 생각했던 바대로 효력을 가진다."

그렇지만 법률의 규정은 결코 고립적으로 고찰되어서는 아니 되고 그 규정과 법체계 전체의 관련성 가운데서 이해 · 해석되어야 하며, 그 법체계 전체의 고유한 목적론적 분류(Gliederung)와 상호결정

---

6) Zitelmann, Die Rechtsgeschäfte im Entwurf des BGB. Bd.I S.98, Bd.II, S.14 ff.

(Wechselbestimmung)에 대해 파악하는 것이 바로 체계적인 법학의 과제이다. 입법자의 견해, 그들의 이론적 관념 그리고 실무적 동기를 탐구하는 역사적 방법보다, 그 자체 의미충족적인(in sich sinnvollen) 전체로서의 법의 연계성(Zusammenhang)으로부터 이러한 전체의 한 갈래(Glied)로서의 개별적인 규정의 기능 가운데서 그 규정의 의미를 이해하고자 노력하는, 체계적으로 그리고 구성적으로 행하는(konstruktiv verfahrende) 방법[7]이 이러한 법학의 과제를 위하여 보다 중요하다. 어떤 규정이 입법자가 생각했던 바대로는 전체의 연계성과 조화를 이루지 못할 때는, 비록 입법자가 생각하지는 않았지만 사리에 맞는, 그리고 법률의 연계성과 그 속에 표명되어 있는 목적론적 사고 및 법률의 "객관적 정신"이 요청하는 의미를 학문은 탐구하여야 한다.

만약 표의자가 생각했던 의미가 모든 경우에 있어서 법표준적인 의미로 간주되어 야 한다면, 두 의미는 결코 불일치할 수 없으며, 따라서 자신의 표시의 의미에 대한 표의자의 법적으로 중요한 착오는 존재할 수 없게 된다. 그러나 민법전은 이러한 착오에 관하여 제119조에서 규정하고 있으며, 따라서 그 가능성을 전제하고 있다. 이 점으로부터 이미, 제133조를 제한적으로 해석해야 할 필요성이 드러난다. 그리고 민법이 착오를 어떻게 다루고 있는지를 눈앞에 그려보면 이 필요성은 더욱 분명해 진다. 민법은 착오에 의한 의사표시를 전적으로 무효라고 하지 않고 취소가능한 것으로 여기고 있으며, 게다가 취

7) 이미 Savigny는 법률의 해석에 있어서 "논리적 요소"와 "문법적 요소"이외에 "역사적 요소"와 "체계적 요소"를 구별하고 있었다.(System Bd.I S.206ff.) 또한 Binder, Philosophie des Rechts S.911ff.도 참조하라.

소의 의사표시를 하는 자에게 손해배상의무를 부과하고 있다. 그러므로 표의자의 생각과 상치하는 표시 또한 법적으로는 상당한 의미를 가지게 된다. 따라서 표의자의 생각만이, 그것에 따라 표시의 의미가 결정되는 유일한 기준이 될 수는 없다.

이제 제133조 만으로는 그것에 따라 어떤 표시의 법표준적인 의미가 탐구되어질 기준이 우리에게 제공될 수 없다면, 제157조도 끌어와 함께 해석해야 마땅하다. 제157조는 다음과 같다: "계약은 거래관념을 고려하여 신의성실의 원칙이 요구하는 바에 따라 해석되어야 한다."

法文에 의하면 제157조는 전적으로 계약의 해석에만 관련을 맺고 있는 것처럼 보 이지만, 개별적인 의사표시의 해석과 계약의 해석 사이에 방법론적으로 어떤 차이가 존재하지는 않으며 제133조 자체만으로는 해석의 기초가 될 수 없는 까닭에, 제157조도 개별적인 의사표시의 해석을 위해 고려에 넣어질 수 있다. 따라서 제157조는 많은 사람들이 생각하고 있는 것처럼[8)] 이른바 거래행위의 해석을 위해서만 고려되어 질 수 있는 것이 아니라, 제133조와 함께 모든 행위의 해석을 위해 고려될 수 있다.[9)] 제157조가 들고 있는 두 개의 기준 — 신의성실과 거래관념 — 가운데 後者는 그것이 신의성실과 합치하는 한도 내에서만 고려될 수 있다.[10)] 따라서 법률행위적인 거래에 있어

8) Oertmann, Kommentar S.135, Ebbecke in Jherings Jahrb. Bd.68, S.7.이 그러함. 이미 Bierling, Jur. Prinzipienlehre, 4.Bd.IV, S.231ff., 특히 Anm.82도 이와 비슷한 견해임.

9) 압도적인 다수설의 견해가 그러함; Vgl. Oertmann, R.O.u.V.S. S.82 und 108 (아직도 Kommentar zu § 157은 이와 다른 견해임), Danz, S.132, Titze, S.84, Enneccerus S.538, v. Tuhr S.535, Hölder, Festschrift für Degenkolb S.115. Stammler, Schuldverhältnisse S.37, Manigk S.211ff.는 이와 다른 견해임.

서 기대되고 또 행해지고 있는 것과 같은 정의와 형평의 관점이 결정적이다. 또한 이와 함께 해석은 하나의 특수한 법적인 해석이어야 하고, 해석은 양 당사자의 이익의 불편부당한 比較考量이라는 私法을 지배하는 이념에 봉사하는 것이며, 따라서 일방적으로 표의자 또는 그 상대방의 입장을 표준적인 것으로 간주해서는 아니 된다는 내용이 법률을 통해서 표현되어 있다. 거래관념을 참고함으로써 신의성실의 원칙에 내재하는 객관적 요소가 더욱 강화된다. 그럼에도 불구하고 제157조 또한 완전무결한 해결을 제공해 주지는 않으며, 오히려 그 자체가 보다 상세한 해설을 요하는 하나의 형식적인 기준만을 제공해 줄 뿐이다 — 왜냐하면 이제 우리는 "신의성실" 이 어떤 해석방법을 요청하는지를 알아야 하기 때문이다. 특히 제157조는 신의성실에 따른 해석의 영역에 있어서, 주관적인 표시의미 즉 제133조의 "실제적 의사" 에 어떤 의미가 귀속되는가의 문제를 명확히 하지 않고 있다. 따라서 제133조와 제157조 상호 간의 관계가 문제되게 된다.

해석을 일방적으로 제133조에만 근거하게 하는 것도 거의 불가능하며, 또한 Titze 가 했던 것처럼 제133조를 쉽사리 한쪽으로 제쳐놓는 것도 거의 불가능하다. Titze는 제133조의 "실제적 의사" 란 "진정한 표시내용(wahren Erklärungsinhalt)" 이외의 다른 것을 의미하지 않고, 제157조 역시 이를 탐구할 것을 규정하고 있으며, 따라서 제133조는 이미 제157조에 포함되어 있다[11]고 생각하였다. 이는 제133조로부터 모든 독자적인 의미를 박탈하는 것이며, 만약 제157조가 해

10) Vgl. Oertmann R.O.u.V.S. S.82ff.

11) Titze S.85.

석의 올바른 방법의 문제에 대해 빠짐없이 답변할 수 있다면 그 견해는 충분히 근거가 있다고 할 수 있겠지만, 사실은 그렇지 못하다. 다른 한편으로 어떻게 해서든지 하나의 관계만을 설정하고 그 가운데서 제157조를 제133조의 하위에 두는 견해나, 해석의 원칙을 주로 제133조로부터 이끌어내는 견해 역시, 잘못된 것으로 생각된다. 따라서 개별적인 의사표시의 사정거리는 "그 자신의 영역과 관련해서는 제157조보다 우선적으로 고려될 수 있는"[12) 제133조에 의해 일차적으로 결정된다는, Oertmann의 견해는 거부되어야 한다. 오히려 우리는 이 양 규정을 불충분한, 그리고 각자가 가지는 일면성 때문에 상호 제한적이며 보충적인 규정으로 파악한다. 즉 이 규정들은 우선 서로 대립적인 두 개의 관점 ―주관적인 관점과 객관적인 관점 ― 을 표현한 것으로서, 이러한 대립을 보다 포괄적인 사고 가운데서 지양(aufheben)하는 데 도달하지 못하는 한 이 규정들은 서로 조화를 이루지 못하는 것으로 여겨진다. 서로 대립하는 규정들은 다른 규정 및 여타의 법률규정과 조화를 이룰 수 있도록 각기 제한적인 의미로 해석되어야한다. 그렇지만 이는 주관적 해석방법과 객관적 해석방법이라는 二元論의 해소를 전제로 하며, 따라서 그것이 본 연구의 목표가 되어야만 할 것이다. "실제적인 당사자 의사가 비록 불충분하게나마 표시 가운데 표현되어 있는 한 그것이 표준적인 것"[13)]이라는 자주 사용되는 공식은, 이러한 二元論을 극복하기 보담은 오히려 승인하는 것

12) R.O.u.V.S. S.82. 또한 S.175도 참조할 것: "개별적인 표시는 우선 진정한 의사에 따라 해석된다. §133. 그러나 이것이 ― 계약체결에 있어서 뿐 아니라 일방적인 표시에 있어서도, 상대방에 대하여 어느 정도 표준적인 지는 제157조에 따라 결정되어야 한다." Manigk in Iherings Jahrb. Bd.75, S.150. 역시 이와 유사함.

이다. 여기서, "비록 불충분하게나마 표현된 것(ein noch so unvollkommener Ausdruck)" 이 무엇을 의미하는 지가 의문스러울 뿐 아니라, 그 어느 것이 다른 것과 어떻게든 조화를 이루는 "한도 내에서만" 그것이 효력을 가져야 한다는 方法 二元論(Methodendualismus)이 명백하게 드러난다. "비록 불충분하게나마 표현된 것" 이라는 요건의 확장가능성(Dehnbarkeit)에 의하여, 여기서 모든 것이 개별적인 사안에 있어서의 재량에 맡겨지게 된다. 이 공식은 따라서 원칙적인 해결을 의미하는 것이 아니라, 오히려 그러한 해결의 포기를 의미한다. 해석방법을 위한 학문의 노력은 다음과 같은 일련의 시도였던 것으로 생각된다. 즉 이 이원론을 한 측면 또는 다른 측면에서 극복하려고 하는, 따라서 그 경우 때로는 객관적 요소가 때로는 주관적 요소가 前面에 등장하는 시도들로 생각된다. 이러한 시도들에 대한 비판적인 고찰을 통하여 우리는 二元論의 해소라는 과제를 위한 준비를 하고자 하며, 그리고 그렇게 함으로써 앞으로의 연구를 위한 기초를 놓고자 한다.

13) Oertmann, Kommentar Anm. 3 B ß zu §133, Titze, S.96("주관적 해석"의 적용영역에 관하여), Enneccerus S.530, v. Tuhr S.538 이 그러함; 많은 판결들 가운데서 특히 Reich 법원의 다음 판결들이 그러함. Entsch. Bd.108, S.83; Jur. W. 1994, S.886; 1905, S.47; 1924,S.197.

Karl Larenz

제1부

해석이론에 있어서의 意思와 表示 二元論

제1부

해석이론에 있어서의 意思와 表示 二元論

법률행위의 해석에 관한 보다 새로운 이론은 Danz에 연결되며, 그는 해석에 관한 자신의 저서 가운데서, 해석이란 당사자의사의 탐구와 관련을 맺어야 한다는 고전적 이론과는 반대로, 엄격한 객관적 해석방법을 설정하고자 하였다.[1] Danz는 해석이란 요건사실의 확정이나 입증절차(Beweisverfahren)에 속하지 않으며, 따라서 또한 하나의 사실로서의 의사에 대한 탐구(Erforschung eines tatsächlichen Willens)와 동일한 의미를 가질 수 없다는 전제에서부터 출발한다. 그리고 이러한 전제는 분명히 옳지만, 해석은 법률효과의 확정이라는 Danz의 보다 확대된 견해는 분명히 옳지 못하다. Danz의 그러한 견해는, 특히 Oertmann이 지적한 바와 같이[2], 구성요건사실의 확정과 그것을 법률에 포섭시키는 것을 혼동한 데 기인하고 있다.[3] 의사표시란 知覺可能한 사실 가운데서 자신을 남김없이 드러내는 구성요건이 아니라 어떤 의미(Sinn)를 표현하는 구성요건이라는 점이 의사표시의 특유한 성격이다. 그리고 이러한 의미(Sinn)는, 사실의 경우에 있

1) 그 밖에 Iherings Jahrbuch Bd.38,S.441ff.; Bd.46,S.382ff.및 Bd.54,S.38ff.에 실린 그의 논문도 참조할 것.

2) R.O.u.V.S., S.234ff. 또한 Henle S.346, Anm.15 및 v.Tuhr S.543ff.도 참조하라. Titze, S.104 및 451은 Danz와 같은 견해임.

3) 게다가 이러한 견해는, 의사표시란 법률효과가 아니라 경제적 효과에 향해져 있다는, Danz에 의해 주장되는 견해(Vgl.S.7)와 기이한 모순관계에 서 있다.

어서와는 정반대로, 지각되어질 수 있는 것이 아니라 오직 이해되어질 수 있을 뿐이다; 그것(Sinn)은 지각판단의 대상이 아니라 추론의 대상이며, 필자는 지각된 대상은 그것(Sinn)이 뜻하고 시사하는 思考(Gedanke)의 "운반자(Träger)", "表現(Ausdruck)" 또는 "化體(Verkörperung)"라고 생각한다. 해석은 지각된 事象(Vorgange)에 귀속되는 의미의 확정이다; 해석은 사실의 확정이 아니라 사실의 의미파악(Deutung)에 관계한다 — 즉 사실을 통해서 표현된 의미의 탐구에 관계한다. 해석은 Franz Leonhard가 지적한 바와 같이[4] 의미를 밝히는 것(Sinndeutung)이며, 따라서 한편으로는 단순한 사실확정이나 입증절차로부터, 그리고 다른 한편으로는 (해석을 통해 확정된 의미를 가지게 된) 사실을 법률에 포섭시키는 것으로부터 엄격히 준별되어야만 한다.[5] 법률상의 해석원칙규정에 따른 해석은 법규범의 적용가운데서 행해지는 까닭에, 그 결과는 상고의 대상이 된다.[6] 다만 그 결과가 해석방법을 잘못 적용한 데 기인한 경우에만 그러하며, 사실을 잘못 평가한 경우에는 그러하지 아니하다. 따라서 해석은 법적인 의미파악이고, 그것은 법률의 규정을 따르며 그 한도 내에서 법률의 적용이지만 그러나 包攝(Subsumtion)은 아니다. 일단 해석된, 의미파악된(gedeutet) 구성요건사실이 추상적인 법적 구성요건에 포섭된다. 의미함축적인 事象(eines sinnhaften Vorgangs)으로서의 의사표시의 성격은, 이 경우의 구성요건사실의 확정은 사실의 확정만으로써 끝

4) Arch.Ziv.Pr.Bd.120,S.34ff.

5) 따라서 "때로는 그 하나, 때로는 다른 하나"라는 Oertmann의 견해(R.O.u.V.S. S. 250)는 부정되어야 한다.

6) 그 점에 대하여는, Titze, S.104, Anm.32 의 문헌목록을 참조하라.

나지 않고 사실의 의미에 대한 파악(Deutung)이 그것에 연결되며, 그 의미파악의 목표는 법질서에 의해 표준적인 것으로 간주되는 의미의 탐구라는 점을, 함께 드러낸다.

다시 Danz의 이론으로 되돌아가면 우리는 그의 주장이 해석의 법적인 기능에 대한 오해에서 비롯된 것이며 그 한도 내에서 적절(schlüssig)하지 않음을 발견하게 된다. 해석이 표의자의 내심의 의도에 대한 확정과 일치할 수 없음은 확실하지만 — 만약 그렇지 않다면 해석은 표시의 의미파악이 아니라 단순한 사실확정에 불과할 것이다 — 그러나 그렇다고 해서 주관적인 생각이나 의도가 애당초 법적으로 존중되는 의미의 탐구를 위해 전혀 중요하지 않다는 사실이 아직 입증되지는 않는다. 그러나 Danz는 그것과는 정반대로 다음과 같은 원칙을 설정하였다: "해석은 내심의 의사와는 무관하다. 따라서 締約者(Contrahenten) 가운데 한 사람이 다툼이 있는 용어를 사용함에 있어 실제로 그 용어에 어떤 의미를 연결 지웠는지는, 해석을 위해 중요하지 않다."[7] 그에 의하면 객관적인, 보다 정확하게는 일반적-거래적 합적인 의미가 오히려 전적으로 표준적인 것이 되어야 하며, 그것은 합리적인 인간을 의사표시의 상대방의 위치에 놓았을 때 그 사람이 당해 事象으로부터 이끌어 내게 될 의미라고 한다. 그리고 일반적으로 어떤 특정한 容態(Verhalten)가 의사표시로 간주될 수 있는 지의 문제 역시, 마찬가지로 판단되어야 한다고 한다.[8] 그러나 조금만 생각해 보면, Danz가 추천한 기준 — 머리 속으로 상상된 합리적인 인

7) Danz, Auslegung S.211.

8) A.a.O. S.14. 해석문제와 의사표시의 개념문제 — 意思主義와 表示主義의 대립 — 와의 결합이 여기서 드러난다. 그에 관하여는 추후 상세히 논하기로 한다.

간의 이해력 — 의 결합을 쉽게 간파할 수 있다. 언어 — 우리들을 이러한 가장 중요한 表示標識(Erklärungszeichen)에 국한시킨다면 — 란, 항상 동일한 것을 말할 정도로 그렇게 확고하게 어떤 특정된 의미와 결합되어 있지는 않다. 오히려 언어는 논의의 전체맥락이나 사안의 상황에 따라 그 의미가 변할 수 있을 뿐 아니라, 장소적으로나 직업적으로 구분된 상이한 人的範圍와 관련하여 종종 상이한 의미를 가지기도 한다. 그러한 사안에 있어서는, 표의자에게 표준적인 의미와 그 수령자에게 표준적인 의미 가운데 어느 것이 해석의 기초에 놓여져야 하느냐라는 물음이 다시금 제기되게 된다. 만약 표의자나 수령자 가운데 일방이 타방에 의해 자신의 생각과는 다른 의미가 그 단어에 결부되어진 것을 안 경우에는 어떠한가? 이 경우에도 마찬가지로, 어떤 "합리적인 인간"이 그 단어에 부여하는 의미만이 결정적인 것이어야 하는가? 그러나 "합리적인 인간"은 당사자 가운데 일방 또는 타방의 言語慣用(Sprachgebrauch)만을 해석의 기초에 놓을 수 있다고 보는 것이 事理에 합당하며, 그 가운데 어느 것을 해석의 기초에 놓을 수 있느냐는 문제만이 남게 된다. 따라서 "합리적인 인간"이라는 수단을 가지고서 우리는 아무 것도 얻지 못한다!

그러나 Danz는 자신의 객관적 해석원칙을 철저히 순수하게 관철시키지도 않는다. 즉 그의 이론에 따르면, 兩 當事者가 일치하여 동일한 것을 생각한 경우에는 거래적합적인 의미가 주관적인 의미 뒤로 후퇴하게 된다. 이러한 경우에는, 거래적합적인 의미를 고려할 필요 없이, 생각의 일치를 본 의미가 법적으로 표준적인 의미이다. 문제가 되는 단어의 의미에 관해 양 당사자간에 합의가 존재하는 경우 뿐 아니라, 표의자가 착오에 빠져 잘못 표현하고 상대방이 그 잘못된 표현 가운데서 표의자가 생각한 바를 인식한 경우에도 마찬가지이다.[9] 결국 Danz의 이론은 엄격한 二元論을 내포하고 있다.[10] 표시가 그 수령자에 의해 표의자가 생각했던 바대로 이해된 경우에는 거래적합적인 의미를 고려할 필요 없이 이러한 (주관적인) 의미가 법표준적인 것으로 간주되어야 하며, 그렇지 않은 경우에는 당사자의 견해나 이해를 고려할 필요 없이 거래적합적인 의미가 법표준적인 것으로 간주되어야 한다. 따라서 표시가 표의자의 의미 가운데서 효력을 가지느냐 아니면 거래적합적인 의미 가운데서 효력을 가지느냐의 여부는, 표시의 수령자가 그 표시를 그 표시가 원래 의도되었던 바대로 이해하였는지의 여부라는 — 주관적이며 우연한 — 상황에 의존하게 되며, 결국 법적으로 표준적인 의미의 결정과 관련하여, 어떤 한 측면에서는 주관적인 요소에 압도적인 중요성이 귀속되는 반면, 다른 한 측면에서는 그것으로부터 모든 중요성이 박탈되어 있다.

* *

*

여기서 기본적으로, 그것에 의해 어떤 표시의 법표준적인 의미가 드러나게 되는 관점들(=어떤 표시의 법표준적인 의미를 밝히는 관점들: 역자 註)을 통일적으로 파악할 수 있는, 두 개의 가능성이 분명해진다.[11] 우선 Danz에 의해 제창된 객관적 방법을 일관되게 관철하려

9) A.a.O., S.62f. u. 212f.

10) Oertmann도 R.O. u. V.S. S.117에서 Danz의 이론은 논리적 일관성이 없음을 지적하고 있다. Siber in Kr. VJSchr. Bd.49, S.41도 이와 유사함.

는 시도, 즉 文言(Wort)을 진지하게 다루고자 하는 시도가 이루어질 수 있으며, 이 입장에 의하면 결국 당사자 가운데 一方 혹은 他方이 문제시되고 있는 표시에 어떠한 의미를 실제로 결부시켰느냐는 별로 중요하지 않다. 그리고 Rudolf Leonhard와 Franz Leonhard의 시도는 이러한 방향을 향하고 있다. 다음으로 의사와 객관적 표시의미의 二元論을 유지하면서 주관적 요소와 객관적 요소의 중요성을 개별적으로 경계 지움과 동시에 양자의 조화를 꾀하고자하는 시도가 이루어질 수도 있다. Titze, Oertmann, Hölder, Manigk, Enneccerus, 그리고 v. Tuhr의 연구가 여기에 속한다. 우선 첫 번째로 든 그룹에 관해 살펴보기로 하자.

Rudolf Leonhard[12]에 의하면, 어떤 표시의 의미는 "표시된 의사(erklärte Wille)", 즉 표시가 향해져 있는 사람(die Person, zu deren Kenntnisnahme die Erklärung bestimmt ist)이 그 자신에 가까이 존재하는 모든 상황의 도움을 얻어 그 표시로부터 추측해 내어야만 하는, 그러한 관념이다. 오직 법이 고려해야 하는 객관적 의미는, "(의사표시의) 수령자가 (표의자에 의해) 의욕된 것으로서 이해했어야 하는, 그러한 의미이다."[13] 해석의 목표는 이러한 객관적 의미의 확정이

---

11) 앞으로의 서술에 있어서는 개별적인 학자의 학설들에 대한 보고적인 열거보다는, 문헌들 가운데서 주장되는 근본적인 사고의 방향들(Gedankenrichtungen)에 대한 대비가 다루어지게 될 것이다. 따라서 본고의 서술은 학자들 및 그들의 논문에 대한 年代記的인 순서에 집착하지 않고 또한 역사적인 발전방향을 제시하고자 노력하지도 않으며, 오히려 학설의 대비 가운데서 문제의 변증법적 성격이 스스로 드러나도록 하여야 할 것이다. 따라서 본고의 서술은 전적으로 체계적인 관점의 지배를 받고 있다.

12) Der Irrtum als Ursache nichtiger Verträge, Teil, S.85ff.

13) 수령자가 실제로 이해한 의미가 아니다: Vgl. auch S.178, Anm.4. 따라서 Oertmann이 R.O.u.V.S. S.115에서 제기한 이의는 근거가 없다.

다.[14] 수령을 요하는 의사표시의 모든 경우에 있어서 법관은 수령자의 입장에 자신을 위치 지워야 하며, 수령자가 표시로부터 추측할 수 있었고 또한 추측했어야 하는 의미가 어떤 것인가를 自問해 보아야 한다. 반대로 수령을 요하지 않는 의사표시의 경우, 특히 유언에 있어서는, 어떻게 해서든 인식가능한 모든 상황의 도움을 얻어 표시의 의미를 탐구하여야 한다. 이와 같이 수령을 요하지 않는 의사표시의 해석은 수령을 요하는 의사표시의 해석과 동일한 원칙에 기초하고 있으며, 다만 고려되는 자료의 범위에 있어서 차이가 있을 뿐이다.

이러한 입장으로부터 Leonhard는 통설[15]보다 훨씬 좁게 "falsa demonstratio non nocet" 원칙의 의미를 파악하게 된다. 상대방이 (표의자에 의해) 의욕된 바를 인식한 경우에는, 객관적으로 살펴볼 때 그가 그것을 인식하여야만 했느냐의 여부에 관계없이 통설은 그 의욕된 바대로 효력이 발생함을 인정하는 반면, Leonhard는 후자의 경우(상대방이 그것을 인식하였어야 하는 경우)에만 의욕된 의미에 효력을 부여할 수 있고 또한 그렇게 하여야 한다고 한다. 따라서 "falsa demonstratio non nocet" 원칙은 객관적 해석에 종속된다: 그 원칙은 여타의 제 상황의 도움을 얻어 인식가능하게 된 객관적 표시의미에

14) Vgl. Leonhard a.a.O. S.178.

15) 독일민법 및 Reich 법원의 판결에 있어서의 이 원칙의 적용에 관하여는 다음 논문들을 참조하라. Bang in Jherings Jahrb. Bd.66, S.309ff., Zeiler, GruchBeitr. Bd. 52, S.224, Oertmann, ArchZivPr. Bd.117, S.275. Reich 법원의 판결로는 RG Bd.61, S.264, Bd.66, S.21, 66, 427; 99, 147; 109, 334를 들 수 있다. 통설 및 판례에 따르면, 상대방이 (표의자에 의해) 의욕된 바를 인식한 경우에는, 잘못된 표시(Falschbezeichnung)가 있다할 지라도 그것이 표시가 의욕된 의미대로 효력을 갖는 데 대해 아무런 영향을 미치지 않는다. (Bang, a.a.O., S.363은 부분적으로 이와 다른 견해임.) Oertmann, R.O.u.V.S. S.102 및 같은 책 101면에 인용된 문헌도 같은 취지임.

대해 문언적 의미가 후퇴하여야 함을 의미할 뿐이며, 어떠한 경우에도 의욕된 의미가 객관적 표시의미에 반해 고려될 수 있음을 의미하지는 않는다.[16] 이와 같이 (Leonhard의 이론에 의하면 객관적 해석의) 원칙은 순수하게 관철되지만, 그러나 (표의자에 의해) 의욕된 의미를 제대로 인식한 수령자라 할지라도, 그가 그것을 인식할 필요가 없었다는 이유에서 표의자에 대해 문언적 의미 혹은 객관적 의미를 주장할 수 있어야 한다는 결론은 명백히 쌍방 당사자의 이익의 정당한 衡量과 조화를 이루지 못하는 까닭에 만족스럽지 못하다. 더욱이 객관적 표시의미와 상이한, 표의자에 의해 의욕되고 이와 동일하게 상대방에 의해 이해된 의미에 관해 양당사자가 의견의 일치를 본 경우에도, "객관적" 표시의미를 법적으로 표준적인 의미로 간주하는 것은 목적론적 학문으로서의 법학이 고려하여야만 하는 법생활의 제 수요와 조화를 이루지 못하는 것으로 보인다. 여기서 양 당사자에 의해 의욕된 의미 즉 주관적 의미가 전적으로 무시될 수는 없다는 점이 드러나는 이상, 객관적 해석방법을 논리적으로 일관되게 관철하는 것이기는 하지만 그러나 동시에 그처럼 일방적으로 관철하는 Leonhard의 입장은, 실행하기 어려운(undurchfürbar) 것이라는 점이 입증된다.

엄격한 객관적 해석이론을 관철함과 동시에, 의욕된 의미가 상대방에게 인식된 경 우 그 의욕된 의미를 중요한 것으로 간주하는 통설적 견해와 조화를 이루고자 하는 흥미 있는 시도가, Franz Leonhard에 의해 이루어졌다.[17] 그는 의문의 여지없이 바로 이러한 이론의 핵

---

16) Vgl. Leonhard, a.a.O. Teil II, S.14 u. Teil I, S.178 Anm.4: 수령자가 표시로부터 추론한 것은, 그가 그것을 추론해서는 안되는 한, 전적으로 (해석과는) 무관하다.

17) Im ArchZivPr, Bd.120, S.14ff.

심으로 여겨질 수 있는 원칙, 즉 해석의 목적은 표의자의 주관적 관념의 확정에 있는 것이 아니라 오직 표시에 대한 의미파악(Deutung) 가운데 존재한다는 원칙으로부터 출발하였다. 그는, 의욕된 의미의 탐구를 목적으로 하고 존재하는 표시수단으로부터 그 기초를 이루는 의사(혹은 그 밖의 주관적 관념!)를 추론함을 방법으로 삼는 문헌학적(philologisch) 해석[18]과 표지에 대한 의미파악(Zeichendeutung), 즉 어떤 표지의 언어적인 의미나 그 표지의 논리적-문법적 의미를 확정하는 작업을 구별하였다. 그리고 문헌학적 해석과 표지에 대한 논리적 의미파악 중간에 법학적 해석이 위치한다.[19] 법학적 해석의 목적은 주관적 의사를 확정하는 것이 아니라, 선입견이 없는 판단자의 관점에서 볼 때 의욕된 것으로 여겨지는 생각(Gedanke)을 확정하는 것이다. 이와 같이 법학적 해석은 문법적 해석처럼 문언의 일반적 의미와 관련을 맺고 있는 것이 아니라, 어떤 구체적인 표시의 특별한 의미와 관련을 맺고 있다; 법학적 해석은 어떤 특정의 개별적인 事象(Vorgang)의 객관적 의미를 판단하지 않으면 안된다.

이러한 설명은, 그것이 적절하게도 법학적 해석을 문헌학적 해석뿐 아니라 논리적 문법적 해석으로부터도 구별했다는 점에 있어서는, Danz에 비해 원칙론적 명확성에 있어서(an prinzipieller Klarheit) 일보 전진하였음을 의미한다. 법학적 해석을 논리적 문법적 해석으로부터 구별함으로써 어쨌든 다음과 같은 점이 분명해 진다. 즉 보편적 의미나 일반적 혹은 오직 거래적합적인 의미는 법학자에게 있어

18) Danz 역시 문헌학적 해석과 법학적 해석의 대비를 강조하였다.

19) A.a.O. S.47ff.

서 하나의 보조수단에 불과하며 해석의 목표를 이루지는 못한다. 특히 이러한 설명은, 그것에 의해 비로소 개별적인 법률규정들이 이해되어질 수 있는, 해석의 의미 즉 해석의 법적 임무에 대한 熟考(Besinnung)의 결과인 까닭에, 방법론적으로 환영받을 만하다. 이와 같이 Leonhard는, 제119조에 의해 의사와 표시의미가 상호 분리될 수 있다는 점이 밝혀진다는 확인 위에 객관적 해석의 필요성을 근거지우는 데 만족하지 않고, 다른 종류의 의미파악의 대비해 본 법학적 해석의 논리적 특성으로부터 객관적 해석을 설명하고자 하였다. 다만 우리는 그가 그렇게 함으로써 목표에 도달했다고(zu Ende gelangen ist) 믿지는 않는다; 법학적 해석이 문헌학적 해석과 문법적 해석의 "중간에" 위치한다는 명제에 의해, 근본적으로는 아무 것도 말해지는 바가 없다. 또한 Leonhard는 다음과 같은 점을 아직 명확하게 인식하지 못하고 있었다. 즉 해석이란 어떤 표시의 다양한 가능한 의미들 가운데서 하나의 법적 판단 기준 바로 그것에 따라 법적으로 구속력 있다고 여겨져야 하는 의미의 확정에 불과하다는 것, 그리고 이에 따라 어떤 의사표시의 "정당한" 해석의 문제는 표시의미의 귀속의 문제가 된다는 것을 인식하지 못하고 있었다. Leonhard는 객관적 의미의 탐구에 있어서, 의사표시가 향해져 있는 者를 도외시할 수 있다고 믿었다. 따라서 표시는 수령자의 입장으로부터 해석되어서는 안 된다.[20] "해석하는 者의 인격(die Person dessen, der auslegt)은, 객관적 해석에 있어서 아무런 역할도 담당하지 않는다."[21] 여기서

---

20) A.a.O. S.100ff.

21) S.52.

Leonhard는 다시 한번 Danz의 입장에 강하게 접근한다. 그러나 수령을 요하는 의사표시의 해석에 있어서는 상대방에게 인식가능한 상황만이 고려에 넣어져야 한다. 따라서 객관적 의미는, 입장(Standpunkt) 즉 어떤 특정인에게 가능한 이해에 대한 고려 없이는 확정될 수 없다. 이는 전적으로 自明하다. 왜냐하면 의미란 고정적인 것(Festes), 物的인 것(Dinghaftes)이 아니라 항상 어떤 의식(Bewußtsein)과 관련을 맺고 있는 것이며, 어떤 개별적인 事象(Vorgang)의 구체적인 의미에 있어서는 항상 구체적인 의식이 중요하고, 이러한 구체적인 의식과 관련하여 事象이 그 무엇을 의미하기 때문이다.

객관적 의미의 확정을 위하여 Leonhard는, "그 행위에 적합한 방식으로" (in der geschäftsgemäßen Weise) 눈에 띄는 상황만을 고려하고자 하였다.[22] 그에 의하면 해석의 대상은 "총체적으로 그 행위를 구성하는 사실(gesamte Geschäftstatbestand)" 이다. 그럼에도 불구하고 그의 주장(=그 행위에 적합한 방식으로 눈에 띄는 상황만을 고려해야 한다는 것: 역자 註)은 해석의 대상과 자료의 혼동에 기초를 두고 있다[23]; 반면 왜 수령자는 의미파악과 관련하여 그 행위에 적합하게 눈에 띄는 상황만을 고려해야 하며, 여타의 그에게 알려지거나 인식된 상황을 고려해서는 안 되는 지를 이해할 수 없다. Leonhard에 의해 제안된 해석자료의 한정은 충분한 근거가 있다고 여겨질 수 없으며, 반면 역으로 해석대상은 Leonhard에 의하면 지나치게 넓게 파악되고

22) a.a.O. S.68.

23) Oertmann, Kommentar, Anm.2a zu § 133 u. R.O.u.V. S.111 역시 같은 취지임 (Hellwig는 반대의 견해).

있다.

객관적 해석이론을 추구하는 과정에서 Leonhard는 다음과 같은 諸 原則에 도달하였다: 양당사자의 내면적인 일치(Einverständnis)는 양 당사자에 의해 의욕된 것이 객관적으로 인식가능하게 표현되지 않은 한, 그 의욕된 것에 대해 효력을 부여하기에 충분치 않다.[24] 두 가지로 해석되는(zweideutig) 표시는, 만약 표의자에 의해 의욕된 것이 표시 가운데서 조금이라도 발견되어질 수 없는 한, 그 의욕된 바대로 효력이 발생하지 않고 무효이다.[25] 당사자의 진정한(=의사에 따른: 역자 註) 해석은 새로운 계약의 체결로 판단되어야 한다.[26] 의사표시의 상대방이 표의자에 의해 의욕되기는 했지만 객관적으로 표현되지는 않은 의미에 대해 그러한 (의사와 표시의) 相違를 간파함으로써 이해한 경우와 관련하여, Franz Leonhard는 독자적인 입장을 취했다. 즉 이러한 경우에 있어서는 의사표시의 수령자에게 표의자의 오류를 바로 잡아 줄 의무가 생긴다[27]는 것이다. 만약 의사표시의 수령자가 이러한 의무를 위반한 경우에는 그에게 손해배상의무가 발생하고, 표의자의 손해는 그에 의해 의욕된 의미대로 표시가 효력을 발생하지 못하는 점에 존재하는 까닭에, 표의자는 상대방에 대해 표시가 의욕된 의미대로 효력이 발생함을 주장할 수 있다. 이와 같이(=표의자에 의해: 역자 註) 의욕된, 그리고 표현된 바와는 반대로 그러한 의욕된 바대로 상대방에 의해 인식된 의미[28]는, 그것이 표시의 내용을

24) a.a.O. S.105.
25) A.a.O. S.111.
26) S.114.
27) S.127ff.

이루고 표시내용을 규정할 수 있기 때문에 고려되는 것이 아니라, 오직 손해배상의 관점 하에서만 고려된다.

Leonhard의 이러한 설명은 아직까지 아무런 찬성도 얻지 못했으며, 또한 하나의 성공적인 해결책이라고 할 수도 없다. 표의자의 손해는 그가 행한 표시가 의욕된 의미대로 효력을 갖지 못하는 점에 존재하는 것이 아니라, 그가 즉석에서 취소하고 새로운 표시를 할 수 있는 위치로 옮겨지지 못한 점에 존재한다. 만약 그의 의사표시가 처음부터 의욕된 의미대로 취급되어야 한다고 한다면, 그는 손해배상의 관점에서 정당화되는 경우보다 더 유리한 위치에 놓여지게 될 것이다. 특히 이러한(=손해배상이라는 관점으로의: 역자 註) 방향전환에 의하여, 하나의 표시가 법적으로 어떠한 의미로서 효력을 가져야 하며, 다양한 가능한 의미 가운데서 어느 의미가 법적으로 표준적인 것인가라는 문제가 중요하다는 점 및, 이러한 문제는 표시에 대해 효력을 부여하고자 하는 표의자의 관념을 고려하지 않고서는 해결될 수 없다는 점이 모호하게 된다.

따라서 지금까지 살펴 본 제 이론[29)]은, 상대방에 의해 인식된 잘못된 표시(Falschbezeichnung)의 無害性(Unschädlichkeit), 그리고 객관적으로 볼 때 두 가지 의미를 가지는(zweideutig)인 표시가 상대방에 의해 이해된 경우에는 표의자가 의욕한 의미대로 그 표시가 유효하

28) 단순히 우연하게 양당사자에 의해 그 표시에 결합되었지만 객관적으로는 그 표시 가운데서 표현되지 않은, 그러한 의미를 가리키는 것이 아님. 따라서 수령자와 표의자가 같은 착오에 빠진 결과 동일한 것을 생각한 경우에는, 그러한 동일한 생각이 아니라 객관적 의미가 효력을 가진다고 한다.

29) Jhering 역시 이에 속한다. vgl. Jherings J. Bd.4, S.72. Anm.78; dazu Hartmann in Jherings J. Bd.20, S.52.

다는 점(Gültigkeit)과, 이 이론들의 기본원칙: 즉 객관적으로 볼 때 상대방에게 인식가능한 표시의미 만을 고려하는 점 사이에 조화를 만들어 낼 수가 없으며, 따라서 만족스러운 해결책을 빠짐없이 제공해 주지 못한다. 이 이론들은 표시의미와 표의자와의 관련성을 완전히 도외시하였으며, 바로 그렇게 함으로써 특정의 표시의미가 어떤 경우에 표의자에게 귀속될 수 있는지의 문제가 중요하다는 점에 대한 이해를 놓치고 말았다. 표시상대방의 측면만을 목표삼음으로써, 이 이론의 대부분의 대표자들에게서 발견되어지는 바와 같이 의사표시의 해석은 표의자가 알지 못했고 또한 알 수도 없었던 요인, 따라서 표의자에게는 우연한 요인에 의존하게 된다. 표의자는 알지 못했던, 그러나 상대방에게 있어서는 표준적인 어떤 지역적인 언어관용(ein örtlicher Sprachgebrauch)에 의해 결정되거나[30], 표의자가 고려에 넣을 수 없었던 상황이 의사표시의 해석과 관련하여 표준적인 것이 되게 된다. 여기서 자주 논의되고 있는 "Semilodei" 사건[31]을 그 例證으로 들 수 있을 것이다. Hamburg에 있는 어떤 상회는 대리인 R을 통하여 New York에 있는 어떤 상회에 대해 매도의 청약을 전달하였으며, 그와 함께 계약은 "Semilodei"라는 단어를 電信을 통해 교환함으로써 성립하여야 한다는 점을 통지하였는바, 이 "Semilodei"라는 단어는 아주 자주 "매도인의 보증이 붙지 않은(ohne Garantie des Verkäufers) 계약의 체결"을 의미하는 것이라고 일반적으로 말해지고 있다. 그럼에도 불구하고 R은, "Semilodei"란 보증이 붙은 매매계

30) Vgl. Oertmann a.a.O. S.132.

31) R.G. Bd.68, S.6ff.

약을 의미하는 것이라고 뉴욕의 상회에 통지하였다. 그에 기초하여 뉴욕의 상회는 "Semilodei" 라고 打電하였으며, 함부르크의 상회 역시 "Semilodei" 라고 答電하였다. 이에 대해 라이히 법원은 다음과 같이 판시하고 있다: 뉴욕의 상회에 불리하게, 함부르크의 상회가 "Semilodei" 라는 단어에 의해 묘사하고자 했던 것을 뉴욕의 상회가 그 단어를 사용함으로써 받아들이고자 했다고 인정할 수도 없고, 함부르크의 상회에 불리하게, 함부르크의 상회는 R이 자신의 제안을 왜곡되게 전달하는 것을 고려하였어야 했으며, 따라서 함부르크의 상회는 "Semilodei" 라는 단어가 R이 뉴욕의 상회에 전달한 의미대로 효력을 가지도록 해야만 한다고 인정할 수도 없다. 오히려 각자는 자신들이 의욕한 의미를 표시한 것이다: 즉 함부르크의 상회는 "보증이 붙지 않은 매매를", 뉴욕의 상회는 "보증이 붙은 매매" 를 (표시한 것이다). 따라서 不合意(Dissens)가 존재한다.

라이히 법원과 마찬가지로 함부르크의 상회는 R의 행동을 자신에게 귀속시킬 필요가 없음을 인정할 경우, 객관적 해석이론은 다음과 같은 결론에 도달하지 않을 수 없다: 함부르크의 상회는 뉴욕상회의 "Semilodei" 라는 표현을 보증이 붙지 않은 매수청약으로 파악할 수 있었고 또한 그렇게 했어야 한다; 그러므로 이것이 뉴욕에 있는 상회가 한 의사표시의 객관적 의미이다. R이 어떤 잘못된 것을 통지했다는 상황은 의사표시의 수령자인 함부르크의 상회에 있어서는 인식불가능한 것이며, 따라서 해석에 있어서 고려되지 않을 수 있다. 반면 뉴욕의 상회는 함부르크의 상회가 한 "Semilodei" 라는 표현을 보증이 붙은 매매로서 파악하여야 했다; 여기서 R의 행위는 함부르크의 상회가 그것을 고려할 필요가 전혀 없었음에도 불구하고, 함부르크의 상회의 의사표시의 해석에 있어서 중요한 의미를 가지게 된다. 따라서 각자는 자신들의 의사표시가 상대방의 입장에 의해 해석될 경우, 자신들이 표시하고자 의욕하지 않은 것을 표시한 것이 되어 버린다. 물론 여기서도 마찬가지로 불합의가 존재하고 각자는 상대방과 다른 것을 표시한 것이 되지만, 그러나 각자가 자신들이 표시하고자 의욕하지 않은 것을 표시한 까닭에 그렇게 된다. 객관적인 해석방법에 있어서는 불가피한, 그러나 의문의 여지없이 의아스러운 이러한 결론은, 아마도 이러한 이론을 관철함에 있어 봉착하게 되는 어려움을 가장 잘 나타내 보여주고 있으며, 그 결과(=그 대안으로서: 역자註) 객관적 관점 이외의 주관적 관점에 대한 다소간의 고려를 가능케 하는, 새로운 해결책을 향한 학문적 모색이 시도되지 않을 수 없었던 사실을 쉽게 이해할 수 있다.

* *

*

旣述한 순수하게 객관적인 태도를 취하고자 하는 이론들 바로 다음에, Titze의 이론[32]이 서 있다. 그는 Danz와 마찬가지로 기본적으로는 거래적합적인 의미를 표준적인 것으로 인정[33]하는 점에서는, Danz와 일맥상통하고 있다. 그러나 Titze는 두 개의 중요한 제한을 가하고 있다. 우선 이러한 객관적 해석은 거래행위에 있어서만 적용되어야 한다; 다음으로 그는 일반적 객관적(generell-objektive) 해석

32) Die Lehre vom Mißverständnis, S.83ff.

33) S.86.

방법 이외에 개별적 객관적(individuell-objektive) 해석방법을 설정하였다.[34] 당사자간에 존재하는 특별한 관계가 이 당사자들에 있어서 어떤 문언이나 표지의 특별한 표준적인 의미를 낳는 경우에는, 개별적 객관적 해석이 적용되어야 한다. 따라서 개별적 해석은 오직 특별한 關係의 存在에만 기초할 수 있다 — 이는 그 근거를 발견하기 힘든 제한이다. 끝으로 Titze는 객관적 해석 이외에, 비거래적 행위와 관련하여 주관적 해석방법을 설정하였다.[35] 여기서는 표의자에 의해 의욕된 의미가 결정적인 것이 되어야 하지만, 그러나 전적으로 그러한 것은 아니며, 그 의미가 객관적 해석의 결과와 "어느 정도(einigermaßen)" 조화를 이루는 한, 즉 그 의미가 표시 가운데 "불충분하게나마 표시되어 있는(wenn auch noch so unvollkommenen Ausdruck gefunden hat)" 한도 내에서만 그러하다.

객관적 해석의 영역에 있어서 Titze는, 주관적으로 의욕된 의미를 고려할 필요가 없다는 기본원칙을 엄격히 고집하고자 하였다; 따라서 객관적으로 두 가지 의미를 가지는 표시는, 표의자에 의해 의욕된 의미가 상대방에 의해 이해되었다는 것을 이유로 그 의미대로 효력을 가져서는 안 되며, 오히려 무효이어야 한다.[36] 그러나 당사자들이 표시의 의미에 대하여 합의한(über den Sinn der Erklärung einverstanden sind) 경우에는, 표시는 이러한 의미대로 효력을 갖는다.[37] — 해석을 위한 그 밖의 여지는 없다. 여기서 다음과 같은 점이 다시

34) S.91ff.

35) S.95 ff.

36) a.a.O. S.188, Anm.34.

37) S.88, Anm.9.

한 번 드러나게 된다. 즉 법이 고려하여야 할 의미는 당사자들 스스로가 표시에 부여한 의미와 전적으로 무관할 수 없다는 것이다. 따라서 고려되어야 할 표시의미를 엄격하게 객관적으로 파악하기 어렵다는 점은 Titze에 의해서 제거되지 않는다. 반면 어떤 근거에 의해 법적인 해석의 목적이 행위의 개별적인 유형들에 있어서 그렇게 철저하게 구별되어져야 하는 지 납득할 수 없다; (Titze에 의하면) 때로는 객관적 표시의미가, 또 때로는 주관적 표시의미가 표준적인 것이 되어야 한다. 오직 거래행위에 있어서 요구되는 상대방에 대한 고려라는 관점 만에 의하여, 해석의 목적이나 법적 기능이 때로는 객관적인 의미파악으로 또 때로는 그것과는 정반대로 어떤 의사나 주관적인 관념의 확정으로 간주될 수 있을 정도로, 해석의 목적이나 법적 기능의 근본적인 상이함이 조건 지워질 수는 없다. 일반적인 해석 즉 오로지 거래적합적인 의미만을 따르는 해석은 법적인 해석의 목표로서가 아니라 기껏해야 법적인 해석의 보조수단으로서 고려된다는 점은 이미 지적되었다. 일반적인 해석과 "특별한 관계(Sonderbeziehungen)" 에 기초하는 개별적인 해석의 구별은 의문의 여지가 있다. 무엇이 여기서 말하는 의미의 "특별한 관계" 로 인정될 수 있는지는 정확히 정의될 수 없다. 특히, 표의자의 의도 가운데 왜 특별한 관계에 기초하여 상대방이 인식한 것만이 고려의 대상이 될 수 있는 가라는 점에 대한 근거를 발견할 수 없다. 끝으로 주관적 해석에 있어서, 객관적 해석은 주관적 해석에 대해 어떠한 관계에 서는가가 미해결의 문제로 남아 있다; 즉 (Titze가) 양 해석의 결과는 "어느 정도(einigermaßen)" 조화를 이루어야 한다고 하는 것이 바로 그것이다.

따라서 의사와 표시의 관계(라는 문제)는 명확하게 밝혀지지 않은 채 남아 있게 된다.

이와 같이 Titze의 이론은 상호 모순적인 해석원칙들을 조화시킨 성공적인 연구 라고 할 수는 없다. 이 이론의 개량(Umbildung)과 발전(Weiter-bildung)을 요구하는 몇 갠 가의 미해결의 문제가 남아 있다. Oertmann의 연구[38]가 이러한 개량과 발전 가운데 하나이다.

Oertmann은 해석이란 기본적으로는 객관적 표시의미를 확정짓는 것[39]이라는 원칙에서 출발하였다. 그럼에도 불구하고 Oertmann에 있어서는 지금까지 살펴 본 이론들에 있어서와 같은 방식으로 처음부터 객관적 표시의미가 주관적 의미로부터 분리되어지지는 않는 것처럼 보인다. Danz, Leonhard, 그리고 부분적으로는 Titze에 있어서도 표의자의 관념에 대한 고려를 할 필요 없이 객관적인 의미가 표준적인 것이 되어야 하며 표의자의 관념은 오직 예외적으로만 고려되어지는 반면, Oertmann에게 있어서는 많은 사안들에 있어서 표의자의 관념이 객관적인 의미보다 두드러지거나 혹은 그 자체로서 확정적인 한, 표의자의 관념에 대해 항상 본질적인 중요성이 귀속되게 된다. 따라서 Oertmann의 입장은 二元的인 것이다: 주관적인 표시의미와 객관적인 표시의미는 의사와 표시로서 서로 대립하게 되며, 어느 정도까지 意思가 그리고 어느 정도까지 表示가 고려되어야만 하는지에 관한 문제가 항상 설정되게 된다. 이러한 문제에 관한 (Oertmann의)

38) Oertmann, R.O.u.V.S. S.60ff. Dazu jetzt Kommentar, S.326f., 408, 466ff., 562 ff., auch Einleitung S.XXII.

39) R.O.u.V.S. S.75f. Kommentar S.326 u. 466f.

원론적인 답은 다음과 같다: 즉 의사는 표시 곁에서(neben) 혹은 표시에 대립해서(entgegen)가 아니라, 표시 안에서(in) 탐구되어야 한다[40]는 것이다. 따라서 기본적으로는 그리고 모든 행위와 관련하여 주관적인 요소의 중요성이 승인되어 있기는 하지만, 그러나 동시에 객관적 요소에 의한 주관적 요소의 제한 역시 명백하다. 이러한 주관적인 요소가 "의사(Wille)"라는 단어로 표현되어진다는 점은, 제133조의 기초를 이루고 있는 법률행위에 관한 의사주의이론으로부터 명백하기는 하지만, 그러나 동시에 다음과 같은 의문에 대한 해결이 철저하게 이루어 지지 않는 한, 한 개의 문제를 안고 있다고 할 수 있다. 즉 이러한 주관적 의사는 표의자의 자신의 표시에 대한 관념(Vorstellung) — 주관적인 표시의미 — 과 어떠한 관계에 있는가, 그러한 주관적 의사와 관념은 동일한 것인가, 그리고 그러한 관념을 "의사"라고 부르는 것은 어느 정도까지 정당화될 수 있는 것인가 — 혹은 "의사"란 그 밖의 다른 것을 의미하는 것인가라는 의문들이 바로 그것이다. 그리고 이러한 점에 있어서 해석이론과 의사표시이론의 결합이 다시 한 번 분명해 지게 된다.

따라서 Oertmann에 있어서는 의사와 문언 즉 의사내용과 객관적 표시의미의 관계에 관한 문제가 해석이론의 중심에 위치하게 된다. 그 문제에 있어서 Oertmann은 Titze와 마찬가지로 거래행위와 비거래행위를 구별한다.[41] 후자와 관련하여서는 해석은 순수하게 주관적인 것이어야 한다; 어떠한 방법에 의해서든 인식가능하게 된 내부적

40) Kommentar S.467.

41) R.O.u.V.S. S.135.

의사만이 의사표시에 대한 법적 고찰을 결정하여야 한다. 그러나 Oertmann은 객관적 해석의 결과와 어느 정도 조화를 이루는 주관적 관념만이 고려되어야 한다는 Titze의 제한을 반대하면서, 비거래행위에 있어서 객관적 해석만이 주로 이루어져야 하는지는 의문이라고 지적하였다. 오히려 비거래행위에 있어서는 주관적 의사가 어떠한 방법에 의해서 그리고 무엇으로부터 인식가능하게 되었는지에 관계없이, 의사표시의 내용은 표의자의 주관적 의사에 따라 결정되어야 한다. 또한 거래적 행위에 있어서도 의사표시의 내용은 — 이것이 Oertmann의 이론의 결정적인 것으로 보여지는데 — 어느 정도까지는 주관적 의사에 따라 결정된다: 문언과 상치되는 의사도 표시의미의 확정을 위하여 사용될 수 있다.[42] 따라서 법적으로 고려되는 표시의미는 전적으로 객관적인 것도 전적으로 주관적인 것도 아니며, 주관적 표시의미가 객관적으로 표현되어 있는 한도 내에서는 그것이, 그리고 그렇지 못한 사안에 있어서 만은 순수한 객관적 표시의미가 법적으로 고려되는 표시의미가 된다.

개별적인 문제에 있어서 Oertmann은 다음과 같은 결론에 도달한다: 의사표시는 당사자들이 자신들이 의욕하는 의미에 대해 합의한 경우에는 그 의미대로 효력을 가진다. 문언과는 상치되는, 아마도 객관적으로는 인식될 수 없는 의사를 상대방이 실제로 인식한 경우에도, 의사표시는 그 의미대로 효력을 가진다.[43] Oertmann은 "진정한 의사는 그것과 반대되는 객관적 표시가치(Erklärungswert)를 압도하

42) a.a.O. S.109.

43) R.O.u.V.S. S.102ff. Kommentar S.468 und Arch.Ziv.Pr. Bd.117, S.281.

며, 표시가 실제적 의미대로 발해진 것처럼 여겨지도록 작용한다”[44] 고 한다. 이러한 의미에서 falsa demonstratio non nocet라는 원칙은 효력이 있다. 그 밖의 경우에는 우선 거래적합적인 의미가 확정되어야 하지만, 그러나 그것은 표의자에게 있어서 표준적인 거래관념(Verkehrssitte)에 따라 확정되어야 한다. 따라서 Oertmann은 상대방의 이해가능성만을 일방적으로 문제 삼는 것을 거부한다.[45] 표의자에게 있어서 표준적인 객관적 의미, 즉 표의자 측의 거래관념이 결정적인 것이며, 표의자의 개인적인 언어관용이나 잘못 표현된 진정한 의사는 그것이 상대방에게 알려진 경우에만 표의자 측의 거래관념을 대신한다.[46] 그것과는 반대로, 상치되는 표시의미에 대립하는 “진정한 의사” 에 대한 단순한 인식가능성은, 상대방이 진정한 의사를 인식하지 않은 경우에는, 그 의사를 표준적인 것으로 만들기에 불충분하다. 그러한 한도 내에서 Oertmann의 이론은 Rudolf Leonhard나 Franz Leonhard의 이론보다 의사표시의 수령자에게 유리하다. 그럼에도 불구하고 Oertmann은 여기서 한 개의 제한을 가했다. 旣述한 의욕된 의미가 한편으로는 계약서식(Abschlußformel)과 반대되는 표의자 자신의 “행위적 용태(geschäftlicher Verhalten)” 나 “행위상의 총체적 구성요소들(geschäftlicher Gesamtbestand)” 로부터, 다른 한편으로는 여타의 상황으로부터 드러나는 경우에는, 그 의미가 효력을

44) S.112.

45) 그는 이에 따라, “객관적 이해가치(Verständniswert)”, 즉 청약이 수령자에 의해 객관적으로 이해되어도 무방한 의미와, “객관적 표시가치(Erklärungswert)”를 구별한다. A.a.O. S.134 Anm.2.

46) a.a.O. S.133.

가진다; 따라서 이러한 경우에도 falsa demonstratio non nocet의 원칙이 적용된다.[47] 여기서 표시는 실제적 의사에 기초해서 수정되어야 한다. "즉 다른 방법에 의해 표명되고 행위상의 총체적 구성요소 가운데서 드러난, 그리고 그것으로부터 상대방에게 알려지고 인식가능하게 된 의사"[48]에 기초한 수정이 이루어져야 한다. 그러나 그것과는 반대로, 양 당사자가 우연한 그리고 동일한 착오에 빠진 결과 같은 것을 생각하였지만 그 생각한 바가 행위구성요소들 가운데서 객관적으로 인식가능하게 드러나지 않은 경우에는, 그것은 효력을 가지기에 불충분하다; 여기서는 오직 객관적으로 인식가능한 표시의미 만이 효력이 있다.[49]

끝으로 표시의미의 확정과 관련된 "진정한 의사"의 중요성은, 객관적으로 두 가지 의미를 가지고 있는 표시의 경우에 있어서 분명해진다. 이러한 경우에는 Titze나 Leonhard의 주장과는 달리, 그러한 표시는 무효가 아니며, 의욕된 의미가 객관적으로 확정된 의미들 가운데 어느 하나와 일치하는 한, 따라서 그 의미가 비록 一義的으로 표현되어 있지는 않지만 어떻게든 표현되어 있는 한, 표시는 의욕된 의미대로 효력을 가진다.[50] 따라서 Oertmann에 있어서는 궁극적으로는 의욕된 의미가 "진정한" 의미로 여겨지고 있으며, 해석은 가능한 한 이 의미가 효력을 가지도록 도와야 하고, 오직 거래행위에 있어서의 상대방의 신뢰에 대한 고려만이 거래적합적인 의미에 유리하게끔

---

47) Kommentar S.468.

48) ArchZivPr. Bd.117, S.297.

49) ArchZivPr. Bd.117, S.275.

50) Kommentar S.467, auch R.O.u.V.S. S.87.

(의욕된 의미에 대해) 제한을 요구하게 된다. 의사가 효력을 가지기 위해서는 물론 표시되어야만 한다. 그러나 객관적 표시의미와 대립하는, (표의자에 의해) 의욕된 바가 법적으로 기준이 되는 의사표시의 내용을 결정할 수 있는 경우에는 ─ 때로는 비거래적 행위에 있어서와 같이 무제한적으로, 때로는 제한적인 범위 내에서 ─ , 의사주의에서 말해지고 있는 바와 같은 의미의, 그리고 제133조를 의사주의적으로 이해한 경우의 "실제적 의사"(wirkliche Wille)가 결정적으로 중요한 것(die entscheidende Größe)이며, 그것에 표시가 덧붙여져야 하기는 하지만 그러나 의사표시의 의미는 일차적으로 그것에 향해져 있다. 따라서 二元論이, 비록 완전하게 해소되어 있지는 않지만, 근본적으로는 주관적 요소 즉 의사에 유리하게 결론 지워져 있다. 그리고 이러한 입장이 더욱 발전 되어진 것 가운데 하나가 Manigk의 이론이다.[51)]

Manigk에 있어서는 표시 가운데서 표현된 의사가 결정적으로 중요한 것(die entscheidende Größe)이며, 해석은 그것이 효력을 가지도록 도와야 한다. 따라서 해석은 표시의 보편적인 의미로부터 출발하여 구체적인 상황에 대한 고려를 거쳐 개별적인 의미에 대한 이해로 나아감을 시도하는 것이 아니라, 오히려 역으로 표의자의 "실제적 의

51) 해석이론 가운데, 獨創的인 主觀的 立場의 刻印은, Hölder, Zur Lehre von der Auslegung der Willenserklärungen und der Bedeutung des Irrtums über ihren Inhalt에서 발견된다. 표시가 의욕된 바대로 이해된 경우에는, 그 의미대로 효력을 갖는다. 의욕된 의미가 이해될 수 있는(verständlich) 경우에는, 그 의미가 표준적인 의미이다. 그렇지 않은 경우에는 표의자 스스로는 그 의미(의욕된 의미)를 주장할 수 없지만, 자신에 대한 관계에서 그 의미가 효력을 가지는 것은 받아들여야 하여야 한다. Vgl. a.a.O. S.14.

사”에서 출발하여 그 의사가 표시 가운데서 어느 정도 이해될 수 있게끔 표현되었는지의 여부를 조사하는 것이다. 이리하여 모든 해석은 기본적으로는 주관적인 것이다; 해석은 “실제적 의사” 즉 표의자의 주관적 관념에서 출발하고, 그것에 어떤 객관적 요건(ein objektives Erfordernis)을 첨가하는 것이다. 해석은 항상 “실제적으로 의욕된 것(dem wirklich Gewollten)”에 향해져 있다.[52] 따라서 해석을 담당하는 법관에게 있어서 첫 번째의 질문은 항상 다음과 같은 것이다: “당사자들이 그 표시에 의해 무엇을 표현하고자 의욕하였던가?”[53] 표시의 의미는 결코 추상적으로 그 容積이 확정되어 있는 것(abstrakt feststehende Größe)이 아니라, 당사자들의 구체적인 관념과 의도에 결합되어 있으며, 또한 그것을 내용물로 담고 있다.[54] 이에 따라 의사표시의 상대방이 (표의자에 의해) 의욕된 바를 이해하고 있는 까닭에 표시 그 자체가 중요하지 않은 경우에는, 언제나 의사내용 만이 표시내용을 결정짓게 된다. 그리고 이로부터 다음과 같은 결론이 도출되게 된다. 즉 양당사자가 합의한 경우에는 그들이 생각했던 바대로 표시가 효력을 가지게 되며,[55] (표의자에 의해) 의욕된 바대로 (상대방에 의해) 이해된, 두 가지 의미를 가진 표시는 그 의욕된 의미대로 효력을 가지며,[56] 표현이 잘못된 경우에 있어서도(bei falscher Bezeich-

52) Irrtum und Auslegung S.193; Jherings J. Bd.75, S.215. 현재 Enneccerus S. 530 역시 이와 유사함.

53) S.194.

54) S.195.

55) S.194.

56) Jherings J. Bd.75 S.181.

nung) 진정한 의사가 어떠한 방법에 의해서든 인식가능한 경우에는 마치 그 의사가 표시된 것처럼 간주된다. 민법 제133조에 그 타당성의 기초를 두고 있는 "falsa demonstratio non nocet"라는 원칙에 대하여 Manigk는 그것이 자신에 의해 주장된 주관적 해석의 우위(Primat der subjektiven Auslegung)를 가장 명확하게 표현해주는 것으로 여겼다.[57] Manigk는 이 원칙을 지나치게 확대하였다. 의사표시의 수령자로부터 표의자의 진정한 의사에 대한 인식을 객관적으로 기대할 수 없는 경우에도, 수령자가 그것을 인식한 경우에는 이 원칙이 적용되어야 한다.[58] 여기서 "내부적 합의(der innere Consens)"는, "간접적으로(mittelbar)" "외부적 합의(der äußere Consens)"를 낳는다.[59]

이와 같이 표시의 의미가 일차적으로는 그 표시의 기초에 놓여 있는 진정한 의사 에 근거한다면, 이와 다른 판단, 즉 객관적인 판단 혹은 Manigk가 말하는 바와 같은 표시의 규범적인 의미파악(eine normative Deutung)은, 진정한 의사가 상대방에 의해 인식되지 않았으며 또한 표시 가운데서 인식가능한 것으로 되어 있지 않은 경우에만 등장하게 된다. 객관적인 혹은 규범적인 해석은 주관적 해석에 대한 관계에서 보충적이다.[60] 여기에서 우리는 바로 주관적 해석방법의 우위를 인식하게 된다. 그러나 객관적 해석방법이 보충적으로 적용되는 영역의 테두리 안에서는, Manigk는 객관적 해석방법이란 표시를

---

57) Irrtum und Auslegung S.202.

58) Jherings J. Bd.75 S.211.

59) a.a.O. S.215.

60) a.a.O. S.215.

61) Irrtum und Auslegung S.122.

상대방의 입장에서 해석하는 것이라고 생각하였다.[61] 이와 같이 Manigk는 문헌들 가운데서 개발된 두 개의 해석방법 — 객관적 해석방법과 주관적 해석방법 — 에 대하여 각기 다른 적용영역 — 그 중 하나는 거래적 행위와 관련하여 그리고 다른 하나는 비거래적 행위와 관련하여 — 을 할당함으로써 이 두 개의 해석방법을 결합시켰을 뿐 아니라, 그 중 하나를 다른 하나의 하위에 놓고 그것에 대해 다른 하나의 해석방법에 부수하는 보충적 적용을 배정함으로써 양자를 결합시켰다. 해석방법의 이러한 二元論과 관련하여 Manigk는 그 근거를 두 개의 상이한 법원칙 가운데서 발견하였는데, 이 두 개의 법원칙은 의사표시의 법적인 취급에 있어서 서로 交錯(durchkreuzen)하고 있다. 그 중 하나는, 표시란 의사의 사소한 化體에 불과하고 의사가 표시의 배후에서 (해석에 있어서의) "고유한 기준"이 되어야 한다는, 意思自治의 원칙이다(Das eine ist die Autonomie des Willens, der in der Erklärung nur eine gleichgültige Verkörperung findet und hinter der Erklärung das "eigentlich Maßgebliche" sein soll); 다른 하나는 반대로 자신의 용태의 표시의미와 관련된 표의자의 책임(die Verantwortlichkeit des Erklärenden für den Erklärungssinn seines Verhaltens)이라는 원칙이다.

Manigk는 표의자 자신의 표시행위와 관련된 책임을 의사주의원칙의 우위에 대한 필수적인 對槪念(Korrelat)으로 간주하였다. "各者는 상대방에 의해 인지된 자신의 용태의 표시가치에 관하여 책임을

62) S.242f. Neubecker, Haftung für Wort und Werk, in: Festgabe der Berliner juristischen Fakultät für Otto v.Gierke, Bd.III, S.177ff.역시 이와 유사함.

진다".[62] 各者는 그가 자신의 容態에 대해 어떠한 생각을 하고 있었는지와 무관하게, 자신의 용태의 표시로서의 의미에 관해서도, 그리고 자신의 표시의 특정한 내용적인 의미에 관해서도 책임을 진다. 이러한 책임은 민법 제119에 의해 취소가능한, 착오에 의한 의사표시의 잠정적인 유효성 가운데서, 그리고 취소가 이루어진 결과 발생하는 민법 제122조에 의한 손해배상책임 가운데서 그 모습을 드러낸다. 물론 다음과 같은 점 가운데서 의사주의 원칙의 "우월성" (Superiorität)이 다시금 분명해지기는 한다. 즉 "책임의 영향력은 손해배상의무의 발생에 국한될 뿐인 반면, 의사원칙은 법률행위의 효력이라는 주된 문제(die primäre Frage)를 결정짓는다."[63] 따라서 Manigk에 의하면 주관적인 해석방법은 의사주의 원칙에, 그리고 객관적인 해석방법은 표의자의 책임사상(Gedanken der Verantwortlichkeit)에 기초하며, 주관적 해석방법의 객관적 해석방법에 대한 우위는 의사원칙의 "우월성" 에 근거한다.

어떤 容態에 관한 책임은, Manigk가 정확히 인식한 바와 같이, 그 容態의 귀속가능성(Zurechenbarkeit)을 전제로 한다. 그러나 Manigk는 이러한 귀속가능성을 容態 그 자체(das Verhalten als solches)에 국한시켰으며, 그 가능성을 과책(Verschulden)의 관점에 기초 지웠다.[64] 고의 혹은 과실에 의한 것으로 인정되는 용태 만이 표시의미에 관한 책임을 근거지워야 한다고 한다. 그런데 Manigk의 이론에 의하면 용태 그 자체가 귀속가능하면 충분하다; 표시의미의 귀속가능성

63) S.247.

64) S.250ff.

에 대하여 Manigk는 생각하지 않았다. 이러한 차이점은 그가 든 例 가운데 하나에 있어서 가장 잘 설명되어진다.

A와 B는, A가 야간에 자신의 집의 특정한 窓 가에 램프를 올려놓음으로써, B가 A 에게 한 청약에 대한 승락의 표시를 하기로 서로 약정하였다. A는 정해진 窓 가에 램프를 올려놓는 것이 청약에 대한 거절을 의미하는 것으로 약정되었다고 誤信하면서 그 곳에 램프를 올려놓았다. 이 경우 그는, 착오에 의한 취소를 도외시하면, 그 容態가 자신에 대한 관계에서 청약에 대한 승락으로서 효력을 가지도록 하여야 한다. Manigk는, A가 자신과 B와의 약정에 대해 더 이상 생각하지 않은 경우, 즉 자신의 표시의 내용적 의미에 관해서 뿐 아니라 자신의 容態의 표시로서의 의미에 관해서 착오에 빠진 경우에도, 앞의 경우와 마찬가지로 판단하고자 하였다. A는 자신의 용태 그 자체가 그에게 귀속가능한 까닭에 책임이 있다: A는 "고의로" 램프를 그 곳에 둔 것이다. 따라서 A가 예컨대 夢遊하면서 혹은 최면상태에서 램프를 창 가에 둔 경우에는, 자신의 容態가 자신에 대한 관계에서 표시로서의 효력을 가지도록 할 필요가 없다. 반면 A 자신이 램프를 창 가에 놓은 것이 아니라 그가 알고 있는 상태에서 제3자가 그렇게 한 경우에는, 그러한 事象(Vorgang) 역시 그에게 귀속가능할 것이다. — 그러나 事例를 다음과 같이 변형할 수도 있다. 즉 A가 그 자신의 過責없이(ohne seine Schuld), 예컨대 Semilodei 사건에 있어서처럼 제3자의 관여를 거쳐, 그러한 事象에 B와 다른 의미를 부여한 경우가 그것이다. 여기서는 만약 그가 고의로 램프를 그 곳에 둔 경우에는, 事象 그 자체는 그에게 귀속가능하다. 그러나 그가 그 때문에 책

임을 져야 하는가? 그러한 事象으로부터 B가 이끌어 내는 의미가 A에게 귀속될 수 없음은 명백하다. 표의자의 책임, 즉 자신의 容態 그 자체에 관한 책임 뿐 아니라 그 容態의 표시의미에 관한 책임은, 容態의 귀속가능성 뿐 아니라 표시의미와 표시의 내용적 의미의 귀속가능성을 요건으로 한다. 그리고 우리는 표시의미의 귀속가능성이라는 사고에 의해, 주관적 해석방법과 객관적 해석방법의 二元論을 극복하는 데 적절한 것으로 여겨지는, 전적으로 새로운 해석원칙을 손에 넣게 된다.

Manigk는 해석방법의 二元論을 두 개의 일반적인 법원칙 즉 의사원칙과 책임원칙이라는 二元論으로 소급시킴으로써, 그러한 해석방법의 이원론의 근거를 가장 뿌리 깊게 설정하였다. 그러나 그는 이러한 원칙들이 어떻게 하여 서로 조화를 이룰 수 있는 가에 관하여는 문제 삼지 않았다. 만약 근본적으로는 의사가 표시의 내용을 결정짓는다면, 어떻게 하여 객관적인 표시의미와 관련된 책임이 그것과 함께 나란히 존재할 수 있는가? 만약 "內部的 合意" (innere Consens)가 "外部的 合意" (äußere Consens)를 대체할 수 있다면, 도대체 표시는 어떠한 의미를 가지는 것인가? "외부적 합의" 와 대립하는 "내부적 합의" 란 무엇이며, 어떻게 해서 그 하나가 다른 하나로 부터 이끌어 내어질 수 있는가? Manigk에 있어서처럼, 의사표시를 "두 개의 독자적인 부분(zwei selbständigen Größe)으로서의 意思와 表示에 의해 合成된 것"[65]으로 생각하는 것이, 도대체 의미가 있는 것인가?

주관적 해석방법과 객관적 해석방법이라는 二元論은, 의사와 표시라는 二元論에 소급되며, 그 가운데서 자신의 기초를 발견한다. 표

---

65) S.86.

시에 대한 관계에서 의사에 할당 되는 중요성에 비례하여 두 개의 해석방법 가운데 어느 하나에 우선적 지위가 배정된 다. 의사표시가 표시와는 무관하게 존재하고 있는 의사를 표현하는 데 향해져 있는 것일 때에만, 의사의 탐구가 해석의 과제로 여겨질 수 있으며 객관적 표시의미의 탐구는 그것의 하위에 놓여 질 수 있게 된다. 만약 의사표시가 그 자체로서는 하나의 의욕된 행위(eine als solche gewollte Handlung)이기는 하지만, 그러나 그 의미에 따라 판단하면 그 의사표시와는 무관하게 존재하는 어떤 의사에 대한 언명이 아니라 다른 그 무엇을 의미하는 것이라면, 그렇지 않을 것이다(의사의 탐구가 해석의 과제로 여겨지지는 않을 것이다). 왜냐하면 이 경우에는, 표시와 병존하는, 순수하게 "내심에"(innerlich) 머무르는 이른바 효과의사(Geschäftswille)가 아니라, 오직 의사행위(Willenshandlung)로서의 표시 만이, 그 표시의 다음과 같은 두 측면으로부터 해석을 위해 고려의 대상에 넣어질 것이기 때문이다: 즉 표시행위와 그 행위의 의미에 대한 의욕이라는 측면과 그 표시행위의 객관적 의미라는 측면으로부터(nach ihren beiden Seiten: dem Wollen der Erklärungshandlung, ihres Sinnes, ihrer Bedeutung, und der objektiven Bedeutung der Erklärungshandlung), 표시가 고려의 대상이 된다; 따라서 "의사"란 고립된 심리적 작용(isolierter psychischer Akt)으로서가 아니라, 행위 가운데서 완성되는 작용(sich in der Handlung vollziehendr Akt)으로서, 즉 표시행위의 주관적 요소로서 고려되며, 해석은 행위와 병존하는 의사를 탐구하는 것이 아니라, 의사완성(Willensvollzug)과 의미객관화(Sinnobjektivation)로 이해되는 표시에 있어서, "주관적" 요소와 "객관적" 요소를 조정하는 것이어야 한다. 그리고 그것을 통하여 행위의 객관적 측면과 주관적 측면이 서로 관련되어지고 그 결과 법적인 책임(Verantwortlichkeit)의 근거가 설정되어 지는 판단을, 우리는 귀속(Zurechnung)이라고 부른다. 일정한 "주관적" 요건이 어떤 행위(Tat)의 야기자에게 존재하는 한 우리가 행위 그 자체를 그 자에게 귀속시키는 것[66]과 마찬가지로, 어떤 행위의 법 표준적인 의미와 관련하여 그 행위의 야기자의 책임을 결정하는 것이 문제되는 경우에는, 우리는 보다 확대된 의미에서, 어떤 행위의 의미의 귀속에 관하여 말할 수 있을 것이다. 따라서 해석에 있어서는, 표시로부터 독립되고 격리된, 그리고 그 표시 가운데서 모사(abgebildet)되어 있는데 불과한 "효과의사"가 아니라, 의사완성 및 의미객관화로서의 표시가 자신의 두 측면(= 주관적인, 표의자에 의해 의욕된 의미와, 객관적인, 이해가능한 혹은 이해되어질 의미)에 따라 고찰의 대상이 된다는 점이 확인되는 한, 해석문제는 귀속의 문제로서 파악되게 된다. 그러므로 의사표시의 해석문제와 관련된 의사의 의미(Bedeutung)를 명백히 하기 위하여, 우리는 다음과 같은 점들을 검토해 보지 않으면 안된다. 즉 의사표시의 논리적 특성에 비추어 볼 때 의사표시란 무엇을 의미하는 것이며 — 의사표시란 어떤 의욕의 전달(Mitteilung eines Wollens)인가 아니면 그것과는 다른 그 무엇인가 — 의사표시로서의 그것의 의미(Sinn)는 어디에 그 근거를 두고 있는가라는 점들에 대해 검토해 보지 않으면 안된다.

66) 행위에의 귀속에 관하여는, Larenz, Hegels Zurechnungslehre und der Begriff der objektiven Zurechnung, S.60ff.을 참조하라.

제2부

效力表示(Geltungserklärung) 로서의 意思表示의 情意的(emotional) 性格

제2부

效力表示(Geltungserklärung)로서의 意思表示의 情意的(emotional) 性格

법학에 있어서 의사표시의 개념만큼 심하게 다투어진 개념은 거의 없을 것이다. (의사표시의 개념에 관한) 무수한 견해들을 단순한 정식으로 만드는 것이 거의 불가 능한 것처럼 보인다. 의사표시의 개념과 관련하여 이중적인 문제설정(eine doppelte Fragestellung)이 눈에 뜨인다. 일면에 있어서 모든 의사표시는 인간의 행위(eine menschliche Handlung), 즉 의사의 활동(eine Betätigung des Willens)이다; 따라서 의사표시는 다른 모든 행위와 마찬가지로, 특정한 형체를 갖춘 동작 이외에 표의자의 의식 가운데에서의 특정한 요건, 즉 행위의 "주관적 요소"를 필요로 한다. 그러나 동시에 표시로서의 의사표시는 어떤 특정한 의미를 표현하는 것인 까닭에, 행위의 의미에 대한 의식, 보다 정확하게는 법률행위적인 표시로서의 행위의 의미 — 우리는 앞으로 이것을 표시의미(Erklärungssinn)라고 부르기로 한다 — 에 대한 의식이나, 행위의 내용적 의미에 대한 의식이, 행위의 형체적인 요소에 대한 의식에 추가된다. 따라서 표의자의 측면에 있어서, 법률행위적인 표시로서의 성격을 가지는 자신의 행위의 의미에 대한 의식이 존재하고 있어야 하는가, 아니면 나아가 그 행위의 내용적 의미에 대한 의식이 존재하고 있어야 하는가라는 문제, 즉 어떤 의사표시가 그 야기자에게 귀속되기 위하여는 어떠한 주관적 요건이 충족되어야 하는가라는 문제가 제기되게 된다.

私法上의 의미에서 법적으로 의미 있는 "행위"는, 어떤 容態(Verhalten) 그 자체 가 의욕된 경우에만 존재한다[1]; 따라서 어떤 사람이 취침 중에 또는 최면상태에서, 혹은 직접적인 강제력의 영향 하에서 한 표명(Äußerung)은, 그 자신의 행위, 따라서 그 자신의 의사표시로서 간주되지 않는다. 나아가 통설은 표의자가 법적인 의사표시로서의 자신의 표명의 의미, 즉 "표시의미"(Erklärungssinn)를 의식할 것 혹은 자신의 표명을 그러한 의미로서 의욕할 것을 요구하거나[2], 아니면 행위의 형체적 요소에 대한 의욕 이외의 모든 주관적 요건을 포기하고 있다. 따라서 의사표시로서의 어떤 행위의 귀속가능성에 관한 문제는, 행위 그 자체의 귀속가능성에 관한 문제와, 어떤 표명의 의사표시로서의 의미의 귀속가능성에 관한 문제를 포괄한다. 어떤 행위가 의사표시로 간주되기 위해서는, 즉 그것이 표의자에게 귀속되기 위해서는, 표의자는 의사표시로서의 자신의 행위의 의미를 의식하고 있어야만 하는가? 이러한 문제는, 의사표시의 내용적 의미의 귀속가능성에 관한, 보다 더 확대된 문제와 밀접한 관련을 맺고 있다. 왜냐하면 내용적 의미는 법적인 의사표시로서의 표시의 의미를 전제

1) Vgl. v. Tuhr, S.103; Henle, S.97ff. Henle는 "의사표시의 형체적 요소에 대한 의욕"(das Wollen des körperlichen Elementes der Willenserklärung)을 행위의사(Handlungswille)라고 명명하였다. 우리는 의미의 귀속가능성과 대립되는 의미로 행위 그 자체의 귀속가능성이라고 말한다.

2) Henle의 "보다 새로운 표시의사"(neuerer Erklärungswille), a.a.O. S.129ff. 의사표시를 (타인에 향해진) 어떤 전달로 이해하는 한, Manigk가 말하는"통지목적"(Kundgebungszweck)이란 "표시의사"에 다름 아니다.

로 하며, 따라서 표시가 의미하는 바(Erklärungsbedeutung)의 귀속가능성은 표시의미(Erklärungssinn)의 귀속가능성, 즉 의사표시로서의 행위의 의미로부터 분리될 수 없기 때문이다.

그러나 "의사표시"란 어떤 특정한 의미를 표현하는 행위로서 이해될 뿐 아니라, 또한 표명된 의미 즉 특정한 의미내용(Sinngehalt)으로 이해되기도 한다. 의사표시가 존재하기 위해서는 표의자가 자신의 행위의 의사표시로서의 의미에 대하여 의식하고 있을 필요가 있는가라는 점을 문제 삼을 경우, 도대체 의사표시의 의미란 무엇인가라는 문제가 제기되게 된다. 따라서 여기서는 행위로서의 의사표시란 무엇을 의미하는 것인가 라는 점을 더 이상 문제 삼지 않고, 오히려 어떠한 특정한 의미를 담고 있는 존재(Träger) 즉 의사형상(Sinngebilde)으로서의 의사표시가 무엇을 의미하는가라는 점을 문제 삼기로 한다. 언명된 혹은 기술된 문언의 의미는, 언명 혹은 기술이라는 事象(Vorgang)과는 다른 것이다. 여기서는 모든 의미 있는 거동(Tun), 따라서 어떤 특정한 의미의 표현을 목표로 하는 인간정신의 모든 임의적인 표명(Äußerung)이라는 전적으로 일반적인 현상이 문제되게 된다. 표현소재가 언어 혹은 문자이든, 아니면 화폭과 물감 또는 곡조와 음향이든 간에, 한편으로는 "의미"가 거동(언명, 기술, 채색 등)에 내재하고 있으며, 그 거동에 의해 그 안에 담겨지고 또 형성되어 있다. 그러나 다른 한편으로는 의미는 거동으로부터 분리되어 독자적으로 존속한다; 의미가 그것을 유지하는 소재에 의해 형상화되어 있는(eingebildet) 한, 처음에 그 의미를 표현한 거동을 고려할 필요 없이 의미가 이해된다.[3] 음향이란 곧 사라지는 요소이기 때문에 언명된 단어는 말이 끝난 다음 불과 수 초 밖에 존속하지 않는다; 그러나 기술된, 혹은 여타의 지속적인 방법에 의해 형체를 갖추게 된 단어는 그러하지 아니하다. 활자와 종이에 의하여 동시에 그 의미, 즉 형체를 갖추지 않은, 그러나 형체가 있는 基體(Substrat)에 결합되어 있는, 그리고 우리가 지각할 수는 없지만 이해는 할 수 있고, 그 논리적 의미 가운데서 인식할 수 있는 그 무엇이 보존되게 된다. 따라서 의사표시의 개념은 두 개의 측면으로 구별되어야 하며 또한 서로 결합되어야 한다: 행위로서의 의사표시와 객관적 논리적 의미형상으로서의 의사표시가 그것이다. 후자와 관련하여 바로 다음과 같은 문제가 제기된다. 즉 의사표시 그 자체의 의미란 본질적으로 무엇이며, 의사표시란 그 의미에 따라 판단할 때 무엇을 지향하고 있는 것인가라는 문제가 제기된다.

통설은 의사표시의 객관적 의미에 관한 물음에 대하여 다음과 같이 답변한다. 즉 의사표시란 우선 어떤 법률효과의 발생을 지향하고 있다는 것이다.[4] 통설은 최고(Mahnung, Aufforderung)나 기한설정(Fristsetzung)과 같은 "법률행위에 유사한 행위 (geschäftsähnliche Handlung)"를 의사표시와 구별하고 있으며, 이러한 행위들은 어떤 법률효과의 발생에 향해져 있는 것이 아니라, 그 내용에 따라 판단하면 이미 존재하고 있는 법률관계와 관련을 맺고 있으며, 법질서가 그것에 특정한 법률효과를 결부시키는 것이다.[5] 그러나 이와 대립하는

3) 이 점에 관하여는, Freyer, Theorie des objektiven Geistes, 2.Aufl. S.29ff.를 참조하라.

4) Vgl. Enneccerus, S.350: "표시의 내용에 따라, 표시는 어떤 법적 효과의 초래, 즉 어떤 법률관계의 설정, 해소, 혹은 변경에 향해져 있다." 나아가 Oertmann, Kommentar S.274ff. 및 거기서 인용되어 있는 문헌을 참조하라.

견해도 존재하는데, 이 견해에 의하면 의사표시는 오직 여타의(非法的인, nichtrechtlich) 효과의 발생만을 지향하고 있거나 혹은 표의자의 거동이나 기대를 표현하는 것이라고 한다.[6] 따라서 당연히 의사표시는 특수한 법적인 성격을 가지지 못하게 된다; 의사표시는 그 객관적 의미내용에 따라 판단할 때 여타의 사소한 법적인 표시들과 구별되어 지지 않는다. 그럴 경우 또한 다음과 같은 문제가 남게 된다. 즉 의사표시의 논리적 성격은 무엇인가, 무엇이 의사표시로서의 그것의 특수한 의미를 창출해 내는가, 따라서 의사표시는 어떤 의욕이나 거동 혹은 기대에 관한 진술(Aussage)로서 파악되어야 하는가 아니면 희망명제(Wunschsatz)나 명령(Befehl) 혹은 그 밖의 것으로 파악되어야 하는가라는 문제가 남게 된다.

이른바 의사주의 뿐만 아니라 통설은 어떤 법률효과에 향해진 표시의 방향을 다 음과 같이 이해하고 있다. 즉 표시는 이 법률효과를 표의자에 의해 의욕된 것으로서 표현한다는 것이다. 따라서 통설에 있어서는 의사표시란 그 논리적 특성에 따라 판단하면, 어떤 법률효과를 발생시키는 데 향해진 의욕 즉 이른바 효과의사(Geschäfts- od. Rechtsfolgewillen)를 통지하는 것이다. 즉 의사표시란 그 논리적 특성에 따라 판단할 때, 어떤 완결된 정신적 事象(ein abgeschlossener seelischer Vorgang) 즉 효과 의사를 대상으로 하는 언명(Aussage)에 다름 아니다.[7] 이에 따라 통설에 있어서는 다음과 같은 문제가 등장

---

5) Vgl. Enneccrus S.351. 이전판(예컨대 제17판 354면을 참조하라)에서 사용되고 있는 개념정의는, 훨씬 외연이 넓고 따라서 불명료한 최종판의 개념정의에 비해, 보다 상세하고 명확하다. v. Tuhr, S.106f.도 참조하라.

6) Vgl. Henle S.265ff. und unten S.62, Anm.2 u. 3.

하게 된다. 즉 의사와 표시, 다시 말해서 어떤 법률효과에 대한 의욕과 이 의욕을 표시하는 것은, 서로 어떤 관계에 서 있는가라는 문제가 바로 그것이다. "의사주의"는 의사표시의 개념 가운데 그 의사표시의 정확성이라는 요건(das Erfordernis ihrer Richtigkeit)을 받아 들인다; 의사표시는 자신을 통해 표현된 의욕이 실제로 존재할 것을 요구한다; 따라서 의사표시는 "의사와 표시의 일치"를 요구한다.[8] 이 일치가 결여된 경우, 그 표시는 부정확하며 이러한 부정확성은 통상 그 표시의 유효성에 대한 장애가 된다. 이와 반대로 "표시주의"는 의사와 표시의 일치라는 요건을 도외시한다. 그러나 표시주의도 표시가 어떤 "법률효과"의 통지라는 점을 부정하지는 않는다. 따라서 표시주의는 기본적으로는 "외부적 구성요건"의 존재(Vorliegen des äußeren Tatbestandes)로써 만족하고자 하며, 그 경우 이 외부적 구성요건은 단순한 "외관"(Schein)으로 묘사되어 있다. 따라서 의사주의와 표시주의의 대립은 의사표시란 어떤 의욕을 통지하는 것이라는 관념을 전제로 하고 있으며, 이러한 전제조건이 탈락될 경우 그 대립은 대상을 잃게 된다. 그러나 종종 다음과 같은 이론이 "의사주의"라고 표현되고 있기도 하다. 즉 효과의사가 아니라 표시의사 혹은 표시의미에 대한 의식의 존재만이 필요하다[9]고 생각하는 이론이 바로 그것이다. 그러나 여기서는 본래의 의미에 있어서의 의사주의, 즉 표시

7) v. Tuhr, S.400에 (다음과 같이) 명백하게 기술되어 있다; 표시란 "어떤 정신생활상의 事象(ein Vorgang des Seelenlebens)을 동시대인들(Mitwelt)이 인식할 수 있도록 할 목적으로 이루어진 어떤 행위이다."

8) Henle S.3.

9) 이러한 의미에서 Henle는 자신의 이론을 의사주의라고 표현하였다.

내용과 효과의사가 일치하여야 하는가라는 문제가 더 이상 거론되지 않고, 오히려 표의자는 의사표시로서의 자신의 행위의 의미를 의식하고 있었어야 하며 그러한 행위를 의욕했어야 하는가라는 문제가 거론되고 있다. 그렇지만 기껏해야 이는 "表示意思主義"(Erklärungs-willenstheorie)라고 말할 수 있으며, 그럴 경우 그것에 대한 관계에서, 통상 단순히 "의사주의"라고 표현되고 있는 견해는 "效果意思主義"(Geschäftswillenstheorie)라고 불려져야 할 것이다. "효과의사주의"는 의사표시란 내용적으로 볼 때 하나의 정신적 事象으로 파악되는 어떤 "효과의사"를 告示(Verlautbarung)하는 것이라고 주장하며, 표시와 효과의사가 상응할 것을 요구하는 반면, "표시의사주의"는 표의자가 자신의 의사표시 그 자체를 의욕하고 있었어야 한다는 것만을 요구할 뿐이며, 표시가 어떤 효과의사의 통지라고는 주장하지 않고 따라서 효과의사를 요구하지도 않는다. 끝으로 표시의사나 행위의 표시의미에 대한 의식을 도외시하고 오로지 "외부적 구성요건" 만으로 만족하는 견해가 "순수한 표시주의"라고 불려져야 할 것이다.

우선 우리는 표시의 객관적 의미내용과 관련하여 의사의 의미(Bedeutung)에 대해 질문해 보기로 한다; 따라서 우리는, 표시란 그 특수한 의미에 따라 판단할 때 어떤 의욕의 통지를 지향하고 있는 것인가 아니면 그 밖의 어떤 것을 지향하고 있는 것인 가의 여부를 질문해 보기로 한다. 이에 따라 우선 우리는 의사주의나 표시주의 혹은 어떤 절충적인 이론이 독일 민법과 관련하여 적절한 것인가의 여부를 문제 삼는 것이 아니라, 의사주의와 표시주의의 공통적인 전제조건 즉 의사표시란 그 논리적 특성에 따라 판단할 때 어떤 의욕 — 어떤 법적인 효과를 지향하는 의욕이든 아니면 어떤 경제적인 혹은 그 밖의 효과를 지향하는 의욕이든 — 의 통지라는 점을 문제 삼는 것이다. 그 경우 두 개의 처리방도가 존재한다. 표시란 바로 그것을 통해 구체화되어 져야하는 어떤 의욕의 통지이어야 한다는 주장은 논리적으로 모순이라는 점을 지적할 수도 있으며, 혹은 개별적인 의사표시들에 있어서 그 의미에 따라 판단할 때 그러한 의사표시들은 어떤 의욕의 통지가 아닌 그 무엇을 지향하고 있다는 점을 제시할 수도 있다. 우선 우리는 후자의 방도를 택하기로 한다. 물론 그 방도를 택할 경우 우리는 거론되어진 의사표시들이 의사통지로서 파악될 수 없다는 결론밖에 획득할 수 없다. 이러한 결론에 보편타당성을 확보해주기 위하여, 그리고 그에 따라 개별적인 의사표시에 있어서 무엇이 그들의 의미(Sinn)로서 드러나는 가를 그 결론의 논리적 의미(Bedeutung) 위에서 검토해 보기 위하여, 우리는 이러한 결론을 논리적으로 상세히 검토함으로써 보충하지 않으면 안된다.

이제 우리가 민법전에 의해 의사표시로서 평가되고 있는 그러한 구성요건들을 살 펴보면, 우선 우리는 그 표현이 매우 다양함을 지적할 수 있다. 나는 가게에 들어가 서 물건을 파는 사람에게 다음과 같이 말한다: "이 물건을 나에게 달라" 혹은 "이 물건을 사기를 원한다" 혹은 "이 물건을 사고자 한다" 혹은 "나는 이 물건을 산다" 혹은 "나는 이 물건을 택하겠다" 혹은 이와 유사한 말을 한다. 내가 한 말은, 표현형식에 따라, 어떤 희망이나 의욕 혹은 거동에 대한, 매도인에게 주어진 어떤 명령이나 요청 혹은 통지를 내포하고 있다. 그럼에도 불구하고 내가 한 말의 의미는 항상 동일하다: 즉 나는 매수의 청약을 한 것이다. 혹은 내가 어떤 물건을 다른 사람에게 양도한다고 하자. 민법전(제929조)에 의하면 여기에는 다음과 같은 것이 필요하다. 즉 소유권이 "이전되어야 한다"는 점에 대해 양 당사자가 합의를 하고 그것을 쌍방적으로 표현할 것이 요청된다. 이제 나는 다음과 같이 말함으로써 그것을 표현할 수 있다: "그 물건은 너에게 속하여야 한다" 혹은 "그 물건은 너에게 속한다" 혹은 "나는 그 물건이 너에게 속하도록 하겠다" 혹은 "나는 그 물건을 너의 소유로 너에게 이전한다" 혹은 이와 유사한 말을 한다. 따라서 동일한 의미내용이 다양한 방법에 의해 표현될 수 있다. 또한 그것은 하나의 보편적인 현상이다. 어떤 명령을 의욕이나 희망에 관한 언명의 형식으로 표현할 수 있으며, 다시금 어떤 현존하는 의욕에 대한 통지를 장래의 결과에 관한 언명의 형식으로 표현할 수 있다(예컨대 그것이 이러저러하게 일어날 것이라고 말함으로써 무엇인가를 하고자 하는 나의 의욕을 통지할 수 있다). 이와 같이 언어상의 표현형식 만으로부터는 그 의미내용을 도출할 수가 없다. 따라서 의사표시가 개별적인 경우에 있어서 표의자의 어떤 의욕이나 희망 혹은 거동이나 기대에 관한 어떤 요청이나 부탁 혹은 통지의 형식으로 나타났는지의 여부는, 그 의사표시가 자신의 의미에 따라 판단될 때 그 어떤 것 혹은 다른 것을 의미하는 지의 여부와 관련하여 결정적인 것이 아니다. 따라서 우리는 문언(Wortlaut)으로부터 출발할 수는 없으며, 의사표시가 그 의미(Sinn)에 따라 판단할 때 무엇을 의미하는가(bedeutet)를 문제 삼아야만 하며, 그리고 그것으로부터 의사표시의 의미내용에 적합한 표현을 탐구하여야 한다.

어떤 법적인 의사표시의 예로서 우선 증여약속을 들 수가 있다. 민법전(제518조)은 증여약속이란 "그것을 통하여 어떤 급부가 증여로서(schenkweise) 약속되어지는" 계약이라고 이해하고 있다. 그것으로부터 계약이 성립하는 두 개의 서로 일치하는 의사표시는, 각기 증여로서의 어떤 급부의 약속을 지향하고 있다: 그 중 하나는 약속을 발하는 것(Abgabe)이며, 다른 하나는 약속을 승락하는 것(Annahme)이다. 그러면 그러한 약속을 통하여 무엇이 표현되어지는가? 우선 어떤 급부가 표현된다. 급부란 채무자의 어떤 권리제공행위(Rechtsverschaffung) 혹은 그 밖의 작위나 부작위를 의미한다. 급부의무의 대상이 어떤 권리제공행위인 한 — 그리고 그것이 대부분의 경우인데 — 그 급부의 내용은 다시금 어떤 법률행위적인 행위 즉 의사표시 가운데 존재한다; 따라서 우리가 "약속" 이라고 표현하는 어떤 의사표시는, 그 착수가 "약속" 되어 있는 다른 어떤 의사표시를 다시금 지향할 수 있다. 또한 오직 어떤 사실상의 행위만이 약속된 경우라 할지라도 거기서는 어떤 법적인 의무설정의 대상이 될 수 있는 행위만이 문제되어지게 된다.[10] 따라서 "급부" 란 법적인 규범화의 대상이 될 수 있는 어떤 행위를 의미한다. 이미 "급부" 개념 가운데 법과의 관련성이 개념적으로 포함되어 있지만, 물론 이러한 관련성이 개별적인 의사표시 가운데서 두드러질 필요는 없으며, 그러한 한도 내에서 그것은 여기서는 중요하지 않다.

10) v. Tuhr, S.182 및 교과서류와 민법 제241조에 관한 주석서들을 참조하라. "급부"란 어떤 재산적 가치를 가지고 있어야 한다는 견해는 지나치게 협소하다. 그러나 급부는 채권자를 위하여 법적으로 보호할 가치 있는 이익은 가지고 있어야 한다.

약속된 “급부”는 이제 증여의 약속 가운데에서는 “증여” 즉 어떤 無償的인 出捐으로 표현되게 된다. 이에 따라 이제 어떤 특수한 법적인 事象(Sachverhalt)이 표현되어 진다. 혹 사람에 따라서는 “無償性”이란 오직 경제적 관계만을 의미하며 법적인 관계를 의미하지는 않는다는 異論을 제기할 수도 있을 것이다. 그러나 경제적으로는 그것에 대해 어떤 반대급부가 존재할 수 있는 급부가 법적으로는 증여를 의미할 수 있다. 경제적으로는 급부와 반대급부간의 관련성이 존재할 지라도 법적으로는 그러한 관련성이 결여되어 있을 수 있다. 피용자에게 준 크리스마스 선물은, 경제적으로는 그 者의 노무에 대한 반대급부로 여겨질 수 있지 모르지만, 법적으로는 증여로 간주되어야 한다. 따라서 어떤 급부를 증여라고 지칭하는 문제는 경제적 관련성이 아니라 법적인 관련성에 의해 좌우된다. 어떠한 事象을 증여라고 지칭함으로써 — 그것을 소비대차 혹은 반대급부라고 지칭하는 것과 마찬가지로 — 그 事象은 어떤 법적인 관련성 가운데 配置되게 된다; 그 “급부”는 그것을 통하여 자신의 법적인 성질결정을 받게 된다.(여기서는: donandi causa = 증여원인) 이와 같이 우리는 증여로서의 어떤 급부의 약속 가운데 이미 경제적인 결과 뿐 아니라 법적인 결과도 표현되어 있다는 사실, 따라서 그러한 한 의사표시는 내용적으로 어떤 법적인 결과를 지향하고 있다는 사실을 알게 된다. 그러나 이제 다음과 같은 문제가 제기되게 된다. 즉 그렇다면 증여로서의 어떤 급부가 약속되었다는 것이 무엇을 의미하는 것인가; 따라서 어떤 약속의 대상이 아니라 “약속” 그 자체의 의미는 어디에 존재하는가; 내가 어떠한 것을 “약속한다”는 의사표시는 그 자신의 의미(Sinn)에 따라 판단할 때 무엇을 의미하는(bedeuten) 것인가[11)]라는 물음이 바로 그것이다.

사람에 따라서는 어떤 행위를 약속한 것은 내가 이러한 행위를 초래하겠다는 표시 — 어떤 계획(in Aussicht-Stellen), 나의 장래의 행위에 대한 예고 — 에 다 름 아니라고 여길 수 있을런 지도 모른다. 그러나 그것은 약속의 의미의 정곡을 찌른 것은 아니다. 그러한 예고는 비록 그 발생이 나 자신에 달려있는 것이기는 하지만, 그러나 어디까지나 장래의 사실에 불과한 것에 대한 주장을 내포하고 있을 뿐이다. 그것에는 약속에 고유한 구속이 결여되어 있다. 약속의 이러한 구속력이란 보다 상세하게는 어떻게 파악되던 간에, 어떻든 그것은 약속 가운데서 의욕된 것으로 표현되어지며, 결코 법질서 만에 의하여 그러한 구속력이 아직 그것을 내포하고 있지 않은 표명에 부가되어지는 것은 아니다. 약속이란 단순한 고지나 예고와는 반대로, 그것에 의해 약속을 한 者 자신이 구속되는, 즉 어떠한 구속적인 성격을 가지는 표명이라고 나는 이해한다. 비록 약속의 법적인 구속력은 법규정에 의해 비로소 설정된다 하더라도(어떤 약속의 도덕적인 구속력이 도덕률에 의해 설정되는 것과 마찬가지로[12)]), 약속은 그 의미에 따라 판단할 때 이미 구속을 지향하고 있으며 그것을 의미한다. 약속이란 약속된 행위를 실행할 의사나 의도를 내가 가지고 있다는 것을 의미한다고 이해될 수 있을런지도 모른다. 그러나 그럴 경우 약속이란 어떤 사

11) 앞으로의 서술에 관하여는 Reinach, Die apriorischen Grundlagen des Bürgerlichen Rechts, S.21ff.도 참조할 것.

12) Vgl. unten S.53ff.

실, 보다 정확하게는 현재의 그리고 심리적인 사실; 순간적인 결심에 관한 언명에 불과하게 된다. 그러나 ― 현재의 혹은 장래의 사실에 관한 언명에는 구속이라는 두드러진 요소가 명백히 결여되어 있다. 순간적인 결심은 결코 어떤 최종적인 것 그리고 구속적인 것을 의미하지는 않는다; 나는 내가 전에 한 언명에 정면으로 위배되지 않으면서 나의 결심을 바꿀 수도 있고 나의 의도를 포기할 수도 있다. 만약 내가 결심을 바꾸고 원래 하고자 했던 대로 행동하지 않는다 할지라도, 내가 종전에 다른 것을 의욕했다는 사실이나 나의 종전의 의욕에 관한 통지는 그로 인해 아무런 영향을 받지 않는다. 그렇지만 내가 약속했던 바와는 달리 행동한 경우에는, 나는 구속력을 거부한 것이며 내가 한 약속을 "깨뜨린" 것이다. 따라서 약속이란 약속을 하는 者가 단순히 무엇을 의욕한다는 것을 의미하지는 않으며, 그가 자신을 구속지운다는 것을 의미한다; 약속이란 그 성질상 一過的인(vergän-lich) 의욕을 의미하는 것이 아니라, 어떤 종국적인 것(Endgültiges), 즉 효력(Geltung)을 목표 삼는 것이다. 혹 사람에 따라서는 약속이란 이러한 구속, 즉 이러한 종국적인 것이 의욕된 것을 의미한다고 말할지 모르지만, 그러나 그러한 생각은 바로 자가당착적인 순환론(ein sinnwidriger Zirkel)인 것이다. 여기서는 "의욕"과 함께 다시금 一過的인 요소가 이끌려 들어오게 된다. 왜냐하면 "의욕"이란, 종국적인 것이 아니라 어떤 특정한 시점에서 이루어진, 그러나 그것에 결코 어떤 구속이나 효력(Geltung)이 귀속되지는 않는, 어떤 시간적인 事象(Vorgang)이기 때문이다. 그러한 事象을 공표하는 것이 아니라 어떤 의욕의 내용에 종국적인 성격을 부여하는 것, 의욕으로부터 주관적인 관념과 욕구를 박탈하는 대신에 시간적으로 지속적인 구속력을 제공해 주는 것이 약속의 의미이다. 이와 같이 약속이란 그러한 약속을 하는 者가 그 무엇을 할 것이라는 것을 의미하지 않으며, 또한 그가 그것을 하고자 한다는 것이나 자신을 구속지우고자 의욕한다는 것을 의미하지도 않으며, 오히려 그가 자신을 어떤 행위에 구속지운다는 것, 즉 이러한 구속성이 효력을 가져야 한다는 것을 의미한다. 약속이 말해진 바대로 이제부터 약속은 그 의욕으로부터 벗어나 종국적인 것이 된다; 약속은 "내가 그것을 의욕하는 바대로"가 아니라 "그것이 법으로서" 효력을 가진다(so gelte es, das heißt nicht: "So will ich es", sondern "So sei es rechtens").

이제는 어떤 구속성의 설정을 목표로 삼지 않고, 어떤 물권의 이전을 목표로 삼는 또 다른 의사표시: 讓渡의 의사표시에 관해 살펴보기로 하자. 만약 그 의사표시는 표 의자가 그 물건을 양도하고자 의욕한 것을 의미하는 데 불과하다면, 그것은 다시금 현존하는 의도에 관한 구속력 없는 언명에 불과하게 된다. 그러나 그 의사표시는 그렇게 생각되지도 또한 이해되지도 않는다. 그것을 통하여 표현되는 것은 욕구의 일시적인 충동이나 의욕 그 자체가 아니라, 객관성으로 까지 고양된, 그리고 종국성이라는 성격의 外皮를 갖춘, 의사의 내용이다. 어떤 의도가 공표되는 것이 아니라, 법적인 事象(Sachverhalt): 소유권이 이전"된다"는 것에 관한 어떤 구속적인 결정이 이루어지는 것이다. 이루어진 결정은 당사자의 주관적인 恣意와 무관하게 효력을 가지며, 이러한 효력에로의 定向性은 의사표시 가운데 표현되어 있다. 효력은 모든 법적인 관계(Rechtsbeziehung)의 객관적인 형식이다. 어떤 구체적인 청구권이나 주관적 권리 및 소유권은, 효력을 지니고 있는 어떤 법적인 관계이다: 즉 그러한 권리들은 법효력(Rechtsgeltung)이라는 형식 가운데서 존립하게 된다. 따라서 의사표시란 법적인 관계나 법률관계(그것은 법적인 관계의 복합체이다)에 관하여, 그것의 존립과 관계 맺고 있는 어떤 결정을 행하는 데 향해져 있는 것이라면, 그것은 결국 어떤 법적인 효력의 발생을 지향하고 있는 것이다; 그것은 그 무엇이 존재하고 있다는 것을 말하는 것이 아니라, 그 무엇이 효력을 가져야 한다는 것을 말하는 것이다. 의사표시란 그 의미(Sinn)에 따라 판단할 때 과연 무엇을 의미하는(bedeuten) 것인가라는 점에 대한, 즉 의사표시의 표시의미(Erklärungssinn)에 대한 적절한 표현은 바로 다음과 같은 문언이다: "이와 같이 그것이 효력을 가져야 한다"(So soll es gelten) 혹은 "이와 같이 그것이 법이다"(So sei es rechtens) ("Ita jus esto"!). 이러한 문언이 비록 명시적으로 언명되지 않았다 하더라도, 그것은 모든 의사표시에 부가될 수 있으며, 또한 의사표시의 일반적인 의미내용의 윤곽을 그을 수 있다. 따라서 의사표시는 意慾表示(Wollenserklärung)나 意圖表示(Absichtserklärung)가 아니라 效力表示(Geltungserklärung)이다.

* *

*

우리는 앞에서 얻은 결론을 그 논리적 의미(Bedeutung) 위에서 검토해 보기로 한다. 우선 통설이 인정하고 있는 바와 같이 의사표시란 법률효과(Rechtsfolge)에 대한 의욕인지의 여부를 문제삼기로 한다.

이러한 문제는 다시금 다음과 같은 先決問題의 해결에 의존하고 있다: 즉 도대체 사람이 어떤 법적인 결과(Rechtserfolg)를 의욕할 수 있느냐라는 문제가 바로 그것이다. 그 질문은 Binder의 법철학에 있어서는 부정되어 있다.[13)]

Binder에 의하면, 법률효과는 구성요건사실의 법규정에 대한 논리적 관련성, 즉 구성요건사실의 규범관련성(Normbetroffenheit) 가운데 존재한다; 그것은 심리적인 세계나 물리적인 세계 그 어디서도 결코 物的인 實在(gegenständliche Wirklicheit)를 가지지 못하며, 그런 까닭에 그것은 실현될 수도 목적될 수도 없고, 따라서 또한 ― Binder가 명시적으로 표현하고 있는 바와 같이 특히 당사자나 입법자에 의해서도 ― 의욕될 수 없다. ― 만약 그러한 주장이 올바른 것이라면, 의사표시의 법률효과에로의 지향은 그러한 법률효과의 발생과 관련하여 아무런 의미가 없는 까닭에, 표시란 어떠한 방법에 의해서든지 법률효과를 지향하고 있다는 사실은 아무런 의미가 없게 될 것이다. 범죄가 형벌에의 지향을 내포할 수 없는 것과 마찬가지로 의사표시 역시 법률효과에로의 지향을 내포할 수 없으며, 이리하여 Binder는 의사표시란 표의자가 그 무엇을 하거나 하려고 한다는 혹은 상대방이 그 무엇을 할 것을 기대하는 표시라고 여겼던 것이다. 그러나 우리가 이미 앞에서 살펴본 바와 같이, 이러한 행위는 그 행위의 법적인 의미를 도외시하고는 생각되어 질 수 없다. 당사자란 법규정의 적용을 받게 되는 구성요건사실을 자신들의 행위를 통하여 만들

13) Binder, a.a.O., S.902ff. 그 점에 관하여는 F. Sommer, Kritischer Realismus und positive Rechtswissenschaft, 1.Bd. 1929, S.111ff.도 참조하라.

어 내는데 불과한, 흡사 법에 대한 장님과 같은 존재(rechtsblinde Figuren)가 아니라, 오히려 법을 주재하는 합리적 정신에 대한 지분을 가지고 있는, 그리고 자신들의 법적인 제 관계에 관해 의식하며 활동하는 법주체인 것이다.[14] 또한 법률효과는 구성요건사실의 규범관련성 만으로써 끝나지도 않는다. 법률효과는 결코 物的인 것(Dinghaftes)이 아니며, 심리적인 실재나 물리적인 실재에도 속하지 않는다; 그런데 바로 Binder는 법의 위치를 實在性의 제3의 王國(dritten Reich der Wirklichkeit), 즉 객관적 의미형상의 세계(Reiche der objektiven Sinngebilde)에 배정하였으며,[15] 여기서 객관적 의미형상이란 법규범이나 법률 뿐 아니라 그것에 상응하는 구체적인 법적관계(: 채권, 물권)도 포함한다. 그러나 법률효과는 효력을 가지는(gelten), 즉 법효력(Rechtsgeltung)이라는 형식 가운데 존재하는 법적 관계(Rechts-Beziehung)이다. 효력표시 가운데서 표현되는 어떤 특정한 내용은, 그것에 대해 객관적인 법이 효력을 부여함으로써 법효력을 획득하게 된다. 이와 같이 구체적인 법적 관계의 효력은, 의사표시와 법률의 부합(Übereinstimmung)에 근거하고 있다. 물론 이러한 부합은 논리적인 관계로서 파악되어야 하며, 결코 인과적인 관계로서 파악되어서는 안 된다. 구성요건사실과 법률효과 사이에는 결코 인과관계가 존재하지 않는다고 한 점에 있어서는, 확실히 Binder

14) 이러한 견해는 바로, 단순한 제 권리의 주체(Subjekt von Rechten)가 아니라, 객관적인 이성의 擔荷者로서의 그리고 권리주체(Subjekt des Rechtes)로서의 법주체(Rechtssubjekt)에 대한 Binder의 견해(S.443)와 일치한다고 할 수 있을 것이다. 권리주체는, 그가 법세계의 일부분으로서 자신의 법적인 제 관계의 형성과 관련하여 자신의 의사를 작동시킬 수 있는 경우에만, 법주체인 것이다.

15) S.686ff., 729f.

의 주장에는 아무런 흠도 없다고 할 수 있다. 법률효과란 의사표시를 통해 야기(verursacht) 되는 것이 아니며, 오히려 법질서가 의사표시에 대해 효력을 부여하기 때문에, 그리고 그 한도 내에서 법률효과는 의사표시와 함께 효력을 가지게 되는 것이다. 또한 의사표시, 즉 그것의 의미 그 자체(ihr Sinn als solche) 및 그 때 그 때마다의 의미(ihre jeweilige Bedeutung) 역시 야기되어지지는 않는다; 오직 감각적으로 지각할 수 있는 事象(Vorgänge), 따라서 의사표시의 化體된 基體(körperliche Substrat) (음파나 필적)만이 야기될 수 있으며, 의미는 야기되어질 수 없다. 言明이나 記述과 같은 事象과 그 의미 사이에는, 의사표시와 법률효과의 효력 상호간과 마찬가지로, 어떤 인과관계가 존재하지는 않는다. 그러나 그럼에도 불구하고 그 하나는 다른 하나에 결합된다. 즉 의미가 단어에, 그리고 법률효과의 효력이 표시에 결합된다. 우리는 이러한 관계를 附加(Zuordnung)라고 부를 수 있을 것이다: 앞의 경우에는 개개인이 언명한 바나 또는 때에 따라서는 단순한 관행이나 사전의 협상(Verabredung)이 어떤 단어에 대해 그 의미를 부가하며, 뒤의 경우에는 법이 의사표시에 대해 그것에 상응하는 법률효과를 부가하는 것이다. 그러나 이러한 부가는, 항상 개인이 그것을 계산할 수 있고 그것에 맞추어 행동할 수 있을 정도로, 법률에 의하여 보편타당한 방법으로 이루어진다. 그리고 이와 같이, 야기될 수 없는 그 무엇을 意慾하는 것은 가능한 것이다: 즉 형체를 갖춘 결과 뿐 아니라 순수하게 정신적인 결과를 의욕하는 것도 가능하다. 만약 순수하게 정신적인 결과의 化體된 基體를 야기할 수 있으면, 그러한 정신적인 결과를 의욕할 수 있는 것이다. 어떤 특정한 사상을 표현

하고자 한다고 하자: 그 경우 나는 그 사상을 의미하는 지각가능한 標識를 야기할 수 있는 까닭에, 그러한 사상의 표현을 의욕할 수 있는 것이다. 어떤 말을 하는 사람은 음향을 야기할 뿐 아니라 생각을 표명하는 것이다; 화가는 색채를 칠할 뿐 아니라 어떤 의미함축적인 예술작품을 창조하는 것이다. 그러나 그럼에도 불구하고 음향과 생각 사이에, 色線과 예술작품의 의미 사이에 결코 因果的인 連繫가 이어져 있는 것은 아니다. 이와 같이 의사는 기계적인 인과성의 영역에 한정되어 있지 않다. 의사는 그것을 넘어서서 의미적인 것(das Sinnhafte) 즉 정신적인 諸 形象(die geistigen Gebilde)의 세계에 개입한다. 나는 정신적인 형상, 예컨대 학문적인 저작이나 예술작품을 창조하고자 의욕할 수 있다; 입법자는 어떤 법규범에 대해 효력을 부여(in Geltung setzen)하고자 의욕할 수 있다; 만약 그것이 불가능하다면, Binder 자신이 教示하고 있는 바와 같이, 법이란 어떤 공동체의 意思의 표현이 될 수 없으며, 實踐理性의 영역에 있어서의 객관적 정신이 될 수 없는 것이다. 그리고 입법자가 규범을 의욕하는 것이 가능하다면, 왜 私人은 법에 의해 자신의 의사표시에 부가되는 법률효과를 의욕할 수 없어야 하는 지를 납득할 수 없다. 따라서 법률효과는 야기될 수는 없지만, 그러나 그럼에도 불구하고 의욕될 수는 있다. 내가 법을 알기만 하면, 어떤 인과적인 관계를 고려할 필요 없이, 나는 법률효과의 초래를 의욕할 수 있다.

따라서 우리는 법률효과란 결코 의욕될 수 없다는 견해를 따를 수 없다. 그러나 물론 그렇다고 해서, 법률효과가 효력을 가지기 위해서는 반드시 당사자에 의해 의욕된 것으로서 표현되어야 한다는 뜻은 아니다. 얻고자 하는 어떤 결과 — 예컨대 증여의 약속을 하는 자에 대한 법적인 구속 — 가 어떤 의욕된 행위를 통하여 초래되어야 하는 경우이기만 하면, 그러한 경우에는 의욕(Wollen)이 언급될 수 있다; 따라서 의욕은 항상 어떤 행위를 포함하고 있어야 하며, 또한 그 행위 가운데에서만 성취될 수 있다. 요컨대 법적 결과에 대한 의욕은 오직 표시 가운데에서만 현실화(realisieren)될 수 있으며, 그것에 대해 법질서는 그것에 상응하는 법률효과를 부가한다. 이 경우 이러한 부가(Zuordnung)는 당사자의 의사에 의존하지 않는다는 점을 주의하여야 한다. 언어가 어떤 특정한 단어에 대해 어떤 특정한 의미를 부여하는 데 대해 당사자가 그것을 의욕하거나 의욕하지 않는 것이 불가능한 것과 마찬가지로, 당사자는 효력부여(Geltungsverleihung)라고 불려질 수 있는 부가를 의욕할 수 없다. 당사자는 오직 자신의 행위로서의 표시 및 그 표시에 의한 법적인 결과만을 의욕할 수 있다. 어떤 당사자가 자신이 한 말(Worte)이 어떤 특정한 의미로 자신에 대한 관계에서 효력을 갖는 것을 받아들여야 하여야 하느냐의 여부, 즉 어떤 표시가 특정한 의미로서 그 당사자에게 귀속될 수 있느냐의 여부는 별개의 문제이다. 그렇기 때문에 표시는 그것이 의미하는 바로 그 법률효과를 "가진다". 표시는 법률효과를 "가지지만", 그러나 그것은 당사자가 그렇게 될 것을 의욕했기 때문이 아니라, 법질서가 표시에 대해 법률효과를 부가하기 때문에 그러한 것이다.

의욕이란 심리학적으로는 보다 상세히 어떻게 성격규정되든 간에, 그것은 자기 자신의(eigene) 장래의 작위 혹은 부작위에 대한 결심을 포함하고 있으며, 그러한 작위나 부작위는 어떻게든 의욕된 바를 실현하도록 정해져 있다. "내가 나 자신의 활동을 통하여 어떤 事象(Sachverhalt)이 현실화(Realisation)되는 것을 상상할 수 있는 경우에만 나는 어떤 事象을 의욕하는 것이며, 만약 그렇지 못한 경우에는 나는 그것을 단순히 희망할 수밖에 없다."[16] 의욕은 현실화됨으로써 더 이상 현존하는 존재(ein gegenwärtiges)가 아닌 것이 된다; 나의 활동이 완료되자마자 나는 더 이상 의욕하지 않게 되고, 오히려 의욕했던 것이 되며, 나의 거동에 연결되는 그 밖의 효과를 희망할 수밖에 없다. 법적인 결과에 대한 의욕이 표시 가운데서 현실화된 경우에는, 그 표시의 완성과 함께 의욕은 소멸한다; 표시가 완결되면 즉시, 의욕된 법적인 결과에 관련된 나 자신의 활동 및 그 법적인 결과에 대한 그 밖의 의욕이 작용할 여지는 더 이상 존재하지 않는다. 따라서 의사표시는 그 의미에 따라 판단하면(sinngemäß), 어떤 현재의 事象(Vorgang)으로서가 아니라, 소멸된, 보다 정확히 말하면 소멸되는 순간에 바로 그 의사표시를 통하여 완성된, 그리고 그 의사표시와 함께 완결된 事象으로서의 의욕을 표현하는 것이다.[17] 따라서 의사표시는 표의자의 정신적인 상태에 관한 표명이 아니라, 의사실현(Willensverwirklichung)으로서의 의사표시의 고유한 성격에 관한 표명이라는 의미를 가진다. 요컨대: "어떤 행위를 실행하는 자는 그것 자체에 의하여(eo ipso) 동시에 자신이 그렇게 행위한다고 판단하지

16) F. Kaufmann, Logik und Rechtswissenschaft S.73.

17) 이와 같이 Brodmann, Handbuch des Handelsrechts IV, 2, S.12는, 의사표시를 다음과 같이 표현하고 있다. 즉 의사표시란 의도된 법적인 결과를 목표로 하는 결심이며, 그 결심은 상대방에 대한 그 자신의 통지 가운데서 행위가 되는(zur Tat wird) 것이다.

18) H. Maier, Psychologie des emotionalen Denkens S.683.

는 않는다".[18]: 만약 의사표시가 어떤 의욕에 대한 표명이라고 한다면, 의사표시는 그 자체 아무런 대상을 가질 수 없게 된다; 그 의미에 따라 판단할 때 의사표시는 현존하는 어떤 정신적인 상태로서의 의욕을 통지할 수 없다면, 그것은 애당초 어떤 의욕에 대한 언명을 포함할 수 없다. 그러나 의사표시가 법적인 결과를 지향하고 있는 이상, 비록 의사표시가 법적인 결과를 의욕된 것으로서 표현하지는 않더라도, 의사표시는 법적인 결과를 어떤 실현되어져야 할 존재 즉 효력을 가져야만 하는 것으로 표현할 수는 있는 것이다. 따라서 의사표시는 어떤 事象(Vorgang) 또는 현존하는 事案(Sachverhalt)에 관한 언명, 어떤 의욕 또는 행위에 관한 이론적인 판단, 어떤 결심의 통지로서 파악될 수는 없으며, 오직 어떤 情意的인(emotional) 관념의 표명, 어떤 특정의 사안이 효력을 가져야 한다는 의사결정(Willensbestimmung) 혹은 규정(Anordnung)으로서만 파악되어질 수 있다.

정의적인 표명의 논리에 관하여는 Heinrich Maier의 Psychologie des emotionalen Denkens 가운데서 그 토대가 발견된다. 여기서 우리에게 관련 있는 문제는, "그것이 존재하여야 한다 혹은 효력을 가져야 한다"는 것과 같은 종류의 의사표명이, 그 논리적 성격에 따라 판단할 때 이미 소멸된 의욕에 관한 이론적인(theoretisch) 언명으로 어떤 방법에 의해서든 환원될 수 있느냐의 여부, 아니면 그러한 의사표명은 우리가 Maier와 함께 "의지적인 명제"(volitiven Sätze)라고 이름 붙일 수 있는 어떤 독자적인 논리적 범주를 형성할 수 있느냐의 여부의 문제이다. 그것은 바로 최근에도 법학이 자주 문제 삼는, 논리학의 가장 오래된 문제 가운데 하나이며[19], 이는 Maier에 의해 완성된

情意的 思考(das emotionale Denken)와 判斷的 思考(das urteilende Denken)의 준별을 통해 근본적인 해답으로 연결된다. Maier는 이론적인 이성의 判斷的 思考 — 그것의 인식표지는 진리에 대한 주장이다 — 이외에, 감정표명(Gefühlsäußerung) 및 의사표명 가운데서 이루어지는 情意的 思考라는 개념을 설정하였다. 나는 다음과 같이 생각한다: "이 나무는 푸르다". 그렇게 함으로써 나는, 어떤 對象的인 事象(gegenständlicher Sachverhalt)에 관한 판단을 하는 것이며, 그 판단은 참(眞)일 것이 요구된다. 혹은 나는 다음과 같이 생각한다: 방이 밝아지도록 해야 겠다. 그렇게 함으로써 나는 어떤 판단을 하는 것이 아니며, 오히려 어떤 목표를 설정하는 것이다: 즉 燈을 켜고자 하는 것이다. 두 가지 경우에 있어서 모두 나는 나의 생각을 표명할 수 있지만, 첫 번째 경우에 있어서 나는 어떤 이론적, 판단적 표명을, 두 번째 경우에 있어서는 어떤 의지적 표명을 만들어 내고 있는 것이다. 논리적 차원에서의 "정의적 명제(emotionale Sätze)와 정의적 사고기능(emotionale Denkfunktionen)"은, 심리적 차원에서의 정의적인 사고행동(emotionale Denkakte)에 상응한다.[20] 이론적인 사고는 존재하는 것을 그 대상으로 삼는 데 반해, 정의적 사고 특히 의지적인 사고는 존재하여야 할 것이나 의욕된 것 또는 희망되어진 것을 그 대상으로 삼는다.[21] "희망의 객체(Begehrungsobjekte) — 희망이나 의욕 및 명령의 객체가 여기에 속한다 — 는 인식의 대상이 아니라 욕구관념

19) Vgl. F. Kaufmann a.a.O. S.32; Schreier, Grundbegriff und Grundformen des Rechts S.23.

20) Maier a.a.O. S.10.

21) a.a.O. S.3 und 351.

(Begehrungsvorstellung)의 대상이며, 그것은 판단 가운데서가 아니라 정의적인 사고행동 가운데서 사고된다.[22)]

Maier는 예컨대 "비가 왔으면 좋겠다"라는 희망명제(Wunschsatz)에 대하여, "나는 비가 오기를 희망한다"라는 언명명제(Aussagesatz)를 대비시킨다.[23)] 후자는 현존하는 심리적인 事象 즉 어떤 희망을 표현하고 있다. 그렇게 함으로써 언명명제는 어떤 先行하는 의식과정(Bewußtseinsvorgang)의 반응이나 판단의 결과를 나타내는 것이며, 그러한 의식과정을 언명명제는 현존하는 것으로서 주장한다. 그렇지만 이러한 의식과정은 思考過程(Denkvorgang)의 경우에 있어서처럼 어떤 판단의 형식 가운데에서가 아니라, 어떤 정의적인 명제의 형식 즉 희망명제의 형식 가운데서 직접적으로 완성된다. 따라서 희망명제는 희망의 과정이 그 가운데서 직접적으로 완성되는 논리적 형식인 반면, 그것에 상응하는 언명명제는 그러한 희망이 그 가운데서 현존하는 것으로서 생각되어 지는 논리적 형식이다.

---

22) a.a.O. S.19.

23) a.a.O. S.19f.

24) F. Kaufmann a.a.O. S.32 역시 이와 동일한 결론에 도달해 있음(同旨: Binder S.166 und 710) 그러나 Kaufmann은 希望命題도 판단이라고 생각하였으며, 이에 따라 그는, "그가 왔으면 좋겠다"는 希望命題와 그것에 상응하는 "그가 오기를 희망한다"는 言明命題에 대하여, 후자의 경우 역시 진리에 대한 주장(Wahrheitsanspruch)이 결여되어 있다는 이유에서, 양자를 대등하게 취급할 수 있다고 믿고 있다. 그러나 Kaufmann은, "… 을 희망한다"는 명제는 그 의미에 따라 판단하면 "내가 그것을 희망한다"는 것만을 의미한다(태도결정의 대상에 관한 어떤 언명은 태도결정의 주체와 관련하여 보충을 필요로 한다는, Schreier a.a.O. S.21의 서술은 정확하다)는 점 및, 그럴 경우 그 명제는 — 참(眞)일 것(wahr zu sein)을 요구하는 — 현존하는 것으로서 주장되는 어떤 의식과정에 대한 언명을 포함하고 있다는 점을 간과하고 있다. Kaufmann(S.96)이 생각하는 것처럼 어떤 事象이 전적으로 믿을 만하거나 바람직할 수 있는 것은 아니며, 그것은 特定人과의 관계에서만 가능하다; 따라서 "태도결정행위의 객관화"(Objektivation des stellungnehmenden Akts)에 관한 Kaufmann의 이론의 기초는 존재하지 않게 된다.

따라서 희망명제는, 희망에 대한 어떤 언명명제로 환원되어질 수 없으며, 오히려 자기 자신의 논리적 특성(Eigenart)을 주장한다.[24] 명령명제(die Gebotssätze)나 의사명제(die Willenssätze) 역시, 마찬가지로 명령이나 의욕에 관한 언명이 아니며, 독자적인 논리적 특성을 가진 의지적-정의적 명제이다. 의사명제는, 어떤 의욕이라는 사실에 관해 언명하는 것이 아니라, 어떤 의사관념(Willensvorstellung)의 대상 즉 실현되어야할 것으로서 의욕되어진 事象을 표현하는 것이다.[25] 의지적 명제의 언어적인 표현형식은, 접속법(Konjunk-tiv)의 형식("Es sei") 또는 당위(Sollen)와의 합성물("Es soll sein")이다. 따라서 이러한 언어적인 표현형식의 적용이 우리들의 머리 속에 떠오르는 경우에는, 그 형식은 우리에게 당해 표명의 의지적-정의적 성격을 教示해주며, 그러한 성격은 그 표명을 어떤 정신적인 事象(Vorgang) 즉 어떤 희망이나 의욕에 관한 언명으로 재해석(Umdeutung)하는 것을 금지한다.

(지금까지의 논의를 통하여) 우리는 다음과 같은 점을 알게 되었다. 즉 의사표시란 어떤 현존하는 의욕에 관한 언명을 포함하고 있지 않으며 오히려 앞으로 실현되어져야 할 어떤 것으로서의 법률효과를 목표 삼는다는 점, 의사표시는 법률효과를 그것이 효력을 가져야 한다는 것으로서 표현하고 있다는 점, 그리고 의사표시란 효력표시(Geltungserklärung)이며 의욕표시(Wollenserklärung)가 아니라는 점이 그것이다. 이제부터 우리는 의사표시의 논리적 성격을 다음과 같이 정의할 수 있다: 의사표시란 어떤 법적인 효력을 지향하는, 의지

---

25) Vgl. Maier a.a.O. S.582ff., 621, 625.

적-정의적 표명이다. 따라서 "그것은 이와 같이 효력을 가져야 한다" (So soll es gelten)는 표현은, "그것이 이와 같이 효력을 가지기를 내가 의욕한다" (Ich will, daß es so gilt)는 표현을 단순히 바꾸어 놓은 것(Umschreibung)이 아니며, 오히려 어떤 법적인 효력을 지향하는 의지적 표명 즉 어떤 정의적 의미형상(ein emotionales Sinngebild)으로서의 의사표시의 의미(Sinn)에 관한 적절한 언어적 표현양식(die zutreffende sprachliche Fassung)인 것이다. 우리는 의사표시의 이러한 의미를 그것의 "효력의미" (Geltungssinn)라고 부른다. 따라서 효력의미는 어떤 표명이 법적인 의미에서 의사표시로서 모습을 드러내도록 하는 결정적인 試金石(Kriterium)이다. 효력의미는 한편으로는 의사표시의 어떤 법률효과에로의 지향성 즉 그것의 특수한 법적인 성격을 의미하고, 다른 한편으로는 효력을 가져야 하는 것으로서의 법률효과에 대한 의사표시의 지향성 즉 의사표시의 의지적-정의적 성격을 의미한다.

의사표시를 효력표시로서 파악하는 견해를 따르면, 의사표시란 어떤 의욕의 통지라는 견해만은 부정되게 된다; 반면에 의사표시 그 자체 및 그 의사표시에 의한 법률효과가 의욕된다고 하는 견해는, 의사표시를 효력표시로서 파악하는 견해와 조화를 이룰 수 있다. 의사표시를 의지적인 표명으로서 파악하는 견해는 바로 다음과 같은 것을 전제로 한다. 즉 의사표시 가운데서 어떤 의욕이 표명되어 진다는 것이다. 그러나 표의자는 자신의 의욕의 대상으로서 그 의욕된 바(das Gewollte)를 표현한다는 迂廻를 통하여서가 아니라, 그가 그 의욕된 바를 어떤 실현되어져야 할 것으로서 즉 효력을 가져야 할 것

(Gelten-Sollendes)으로서 표현함으로써 직접적으로 그 의욕된 바를 말하는 것이다. 법은 의사표시 그 자체 — 의사표시의 효력의미 — 또는 의사표시의 내용적 의미가 표의자에 의해 의욕되었거나 최소한 표의자에게 의식된 의사표시만을 유효한(gültig)한 것으로 취급하여야 하느냐, 아니면 법은 의사표시의 외부적인 구성요건사실(äußeren Erklärungstatbestande)로써 만족하여야 하느냐의 여부의 문제는, 실정법상의 문제 가운데 하나이며, 특히 표시의미(Erklärungssinn) 및 표시가 의미하는 바(Erklärungsbedeutung)의 歸屬(Zurechnung)의 문제 가운데 하나이다 — 따라서 거기서는 이른바 "효과의사"(Geschäftswille)는 완전히 논의의 대상에서 제외되게 된다.

*   *

*

지금까지의 서술은, 의사표시를 객관적인 의미형상(objektives Sinngebilde)으로서 고찰할 경우, 의사표시란 그 논리적 본성이 무엇인가라는 물음에 답하고자 하는 것이었다. 그 경우 다음과 같은 점에 대하여는 아마도 좀 더 상세히 고찰해 볼 필요가 있을 것이다. 즉 이미 앞에서 언급한 바 있는, 의사표시에 대한 법률효과의 "부가"(Zuordnung), 다시 말하면 법률에 의한 "효력부여"(gesetzliche Geltungsverleihung)의 의미를 좀 더 상세히 고찰해 볼 필요가 있다. (이에 대하여) 그러한 것이 더 이상 필요한가, 의사표시를 효력표시로서 파악할 경우 의사표시는 그 자체만으로써 법률효과의 효력을 "초래"(hervorrufen)하기에 충분하지 않은가, 따라서 표시된 바의 효력은 전적으로 의사표시에 근거할 수 있지 않은가 라는 의문이 제기될 수 있다. 이 문제는 私人의 의사표시와 立法者의 의사표시의 對等性(Parallelität)으로 말미암아 보다 더 중요한 의미를 지니게 된다. 왜냐하면 입법자의 이른바 법명령(Gesetzesbefehl)이란 명백히 의사표시에 다름 아니기 때문이다: "그것은 그러한 효력을 가져야 한다"(So soll es gelten) — 입법자의 효력표시. 실증주의가 전제하고 있는 바와 같이 법률의 효력은 전적으로 입법자의 법명령에 근거하고 있는 것이라면, 사적인 법률행위의 효력 역시 사적인 효력표시 이외의 또 다른 효력근거를 요하지 않는 것처럼 보인다. 이러한 견해는 Husserl에 의하여 최근 다시 주장되고 있는데, 그는 물론 의사표시를 의사주의적 의미에서 의욕의 통지(Wollenskundgabe)로서 고찰하고 있다. Husserl은 우리와 마찬가지로 법의 "효력"을 법의 존재형식(Seinsform)으로서 파악하고 있다.[26] — 오히려 우리는 그것을, 법의 실재성(Gegenständlichkeit), 객관성(Objektivität)을 근거지우는 범주라고 부르고자 한다.[27] 효력을 가지는 법적인 관계는 실재적인 객관적-정신적인 事象(gegenständliche, objektiv-geistige Sachverhalt)이며, 그것은 그것을 지향하고 있는 심리적인 행동으로부터 엄격히 준별되어야 한다. 나아가 법적인 관계의 효력은 時的인 것이다; 그것은 성립하고 또 소멸한다. 따라서 그것은 時的인 성립요건을 필요로 한다. Husserl은 "의사행동"(Willensakt)을 바로 그러한 성립요건으로

26) G.Husserl, Rechtskraft und Rechtsgeltung, S.1ff.

27) 우리는 "법효력"을 어떤 규범의 時的인 存立(der zeitliche Bestand)으로 이해하며, 그 규범의 구속력 또는 효력에 대한 요청(Geltungsanpruch)은 규범의 時的인 存立에 연결되어 있기는 하지만, 그러나 전적으로 그것 만에 근거하는 것은 아니며 오히려 궁극적으로는 시간을 초월하는 효력근거 즉 법의 이념에 근거하는 것이다. 그 점에 관하여는 나의 논문 "Das Problem des Rechtsgeltung", Berlin 1929 를 참조하라.

간주하였으며, 그리고 그것을 통하여 효력이 "出産" 된다(erzeugt werde)고 생각하였다.[28] 그러나 나는 다음과 같은 두 가지 관점에서 그것에 반대한다. 우선 표시된 것의 효력은 어떤 심리적인 의사행동에 근거할 수가 없다 — 그것은 Husserl에 의해 반박된 心理主義(Psychologismus)로 복귀하는 것이다 — 왜냐하면 어떤 심리적인 행동 그 자체는 객관적 정신적 형상의 세계 가운데서 결코 그 무엇을 의미할 수 없으며, 오직 그것의 객관화(Objektivierung) — 따라서 여기서는 의사설정(Willenssetzung), 효력표시 — 만을 의미할 수 있다. 다른 한편으로는 그것 만에 의해서 時的인 효력의 발생을 초래할 수도 없다. 時的인 성립요건으로서의 효력표시 이외에, 오히려 그것에 논리적으로 선행하는 효력근거가 요청되어 진다.

우리는 이미 앞에서 의사표명의 最終性(Endgültigkeit), 다시 말하면 거기서 언명된 拘束(Bindung) 가운데에, 의사표시를 어떤 의욕의 단순한 통지로부터 구별 짓는 특성적인 계기(charakteristische Moment)가 존재한다는 점을 살펴보았다. 따라서 의사표시만으로써 충분히 효력의 근거가 될 수 있느냐는 문제는, 내가 나의 의사표시만으로써 자신을 구속할 수 있느냐라는 문제와 동일한 의미를 가진다. 이 문제는 우선, 그 자체가 윤리학의 문제(eine solche Etik)이다. 여기서는 그러한 철학적인 문제를 철저히 상론 — 그것은 이 논문의 범위를 지나치게 벗어나는 것이 될 것이다 — 함이 없이, 우리는 Kant가 우리에게 제공한 해답을 원용하는 것만으로써 만족할 수 있을 것이다. Kant는 의무의 개념을 설명함에 있어 — 이는 법이나 윤리에도 그

28) a.a.O. S.11 und 43.

대로 적용될 수 있다[29] ―, 의무란 어떤 사람이 그것에 구속되어 있는 그러한 행위라고 말하고 있다. 그러나 구속성이란 理性의 定言命令(kategorischer Imperativ der Vernuft)하에서 어떤 자유로운 행위를 하여야만 하는 不可避性(Notwendigkeit einer freien Handlung)이다 . 따라서 Kant의 견해에 의하면, 구속성의 근거는 의사를 구속하는 규범(Gesetz) 가운데에서만 발견되어 질 수 있다. 어떤 약속의 윤리적인 구속성은 윤리적인 규범에, 법적인 구속성은 법적인 규범에 근거한다. 오직 규범이 나를 구속하기 때문에, 그리고 그 한도 내에서 나 자신이 구속을 부담할 수 있다. Schönfeld[30]가 다음과 같이 말하고 있는 것은 정당하다: 내가 무엇을 약속하거나 합의함으로써 내 자신에게 의무를 부과하는 경우 그것은 내 의사의 행동(우리는 이것을 내 의사의 객관화라고 부르기로 한다)이지만, 내가 구속된 경우 나를 구속하는 것은 나의 의사가 아니라 나의 의사의 彼岸에 존재하는(jeneseits) 약속의 규범이다. 규범에 의해 구속됨이 없이 내가 내 자신을 법적으로 구속할 수 없는 것과 마찬가지로, 권리의 이전이 객관적인 법 가운데서 그 기초를 발견하지 못하는 한 나는 예컨대 소유권이나 여타의 권리를 이전할 수 없다. 왜냐하면 소유권이나 여타의 제 권리는 오직 객관적인 법에 근거해서만 말해 질 수 있기 때문이다. 소유권이란 물건에 대한 사실상의 관계로써 끝나는 것이 아니라 이러한 지배관계에 대한 승인의 계기가 공동체에 의해 지지되고 이것이 바로 객관적인 법에 의해 매개되어 지기 때문에 ― 다시 말하면 소유권이란 사실

29) Metaphysik der Sitten, S.24 und 25 (Meiner).

30) a.a.O. S.61.

상의 관계가 아니라 법적인 관계이기 때문에, — 나는 오직 객관적인 법에 근거해서만 소유자가 되는 것이다. 따라서 "법으로부터 자유로운"(rechtsfreien) 영역에 있어서는, 소유권도, 여타의 제 권리도 존재하지 않으며, 오직 사실상의 지배관계만 존재할 뿐이다. 모든 주관적인 제 권리는 법에 의하여 개인에게 주선되어진 권능 바로 그것을 보유하고 있으며, 따라서 그러한 권리의 설정이나 해소 또는 변경은, 비록 그것을 지향하고 있는 私的인 "효력표시"(Geltungserklärung)에 의한 것이라 할지라도, 객관적인 법질서의 기초 위에서만 가능한 것이다. 법규에 의해 구속됨이 없이 내가 내 자신을 구속할 수 없는 것과 마찬가지로, 어떤 법규가 사전에 효력을 부여함이 없이 내가 그 무엇이 효력을 가지도록 할 수 없다. 내가 구속성(Verbindlichkeit)을 "創出"해 낼 수 없는 것과 마찬가지로, 내가 효력(Geltung)을 "創出"해 낼 수 없다. Husserl이 인정하고 있는 바와 같은, 개개인이 법질서와는 무관하게 "자기 자신의 힘으로부터" 법을 창출해 낼 수 있다는 의미[31)]의 개인의 法自治(Rechtsautonomie)란 존재하지 않으며, 일차적인 "개인법질서"(primäre Individualrechtsordnung)[32)]나 "법으로부터 자유로운 영역에 있어서의 法創出"(Rechtszeugung im rechtsfreien Raum)[33)]도 존재하지 않는다. 끝으로 법규의 효력 역시 전적으로 입법자의 의사에 근거하는 것은 아니며[34)], 실정법은 상호간에 사회계약(contrat social)을 체결한 자기지배적인 개인의 의사[35)]에 기초

---

31) Husserl a.a.O. S.33ff.

32) a.a.O. S.34.

33) a.a.O. S.43. 따라서 私法이란 결코 대등관계의 법(Koordinationsrecht)(S.36)이 아니며, 그러한 것은 도대체 생각할 수조차 없는 것이다. Vgl. Binder S.554ff.

하는 것이 아니라, — 물론 그 점에 관해 여기서 상세히 논할 수는 없을 것이다 — 시간을 초월하는 효력근거 즉 "理性의 定言命令"에 기초하는 것이다; 법공동체 그 자체를 구성하며, 입법자의 명령 및 관습이나 법원의 관행을 통해 형성된 법을 裁可하는(sanktionieren) 법이념.[36] 또한 바로 여기서 사실문제(quaestio facti)와 법률문제(quaestio juris)의 구별: 법적인 효력의 성립요건과 그 효력근거의 구별이 이루어 질 수 있다. 구체적인 법적 관계의 효력근거는 오직 법규 가운데에서만 발견되어 질 수 있으며, 그것은 時的인 성립요건 즉 효력표시에 논리적으로 先行하며, 그러한 성립요건에 의해 정립된 법적인 事象에 대해 효력을 부여하는 것이다.[37] 효력표시로서의 의사표시 역시 어떤 법적인 事象의 효력의 발생을 지향하고 있다고 하더라도, 법적인 事象에 대해 의사표시가 그 효력을 부여하는 것이 아니라, 객관적인 법이 의사표시 가운데서 표현되어 있는 법률효과를 그 의사표시에 부가함으로써, 객관적인 법이 효력을 부여하는 것이다. 실정법의 효력이 법이념에 근거하는 것인가 아니면 법형성의 機關(die Organe

---

34) Kant 역시 이 점을 명백히 하고 있다: "따라서 오직 실정법규만을 내포하고 있는 어떤 외부적인 입법을 생각해 볼 수 있다; 그 경우에도 어떤 자연적인 법규(ein natürliches Gesetz)가 先行하여야 하며, 바로 그것이 입법자의 主權(Autorität)(즉 자신의 의사만으로써 다른 사람을 구속할 수 있는 권능)을 근거 지운다". (a.a.O. S.28).

35) 이 이론은 Husserl, S.73ff.에서도 발견된다. Kant에 있어서의 국가계약(Staatsvertrag) 사상의 규제적 의미에 관하여는, Haensel, Kants Lehre vom Widerstandsrecht, S.46ff.를 참조하라. Husserl의 입장은 Kant 以前 시기의 개인주의에로의 복귀를 의미한다.

36) 이 점에 관하여는, "법효력의 문제"(das Problem der Rechtsgeltung)에 관한 나의 논문에서 상론한 바 있다.

37) Reinach, Die apriorischen Grundlagen des Bürgerlichen Recht, S.15 역시 이 점을 오해하고 있다.

der Rechtsbildung)을 통한 정립작용(Gesetztheit)에 근거하는 것인가라는 문제가 별로 중요한 의미를 가지지 않는 만큼, 법률효과의 효력이 의사표시에 근거하는 것인가 아니면 법규에 근거하는가라는 문제 역시 별로 중요한 의미를 가지지 않는다; 효력은 오히려, 효력근거와 時的인 정립(zeitliche Setzung)의 논리적 부합에 근거하는 것이다. 이러한 부합은 시간적인 연쇄나 인과적인 관계로 파악되어서는 안 되며, 오히려 그것은 어떤 순수한 논리적 관계로서 드러나며, 그것을 통하여 시간적으로 제약된 논리적 의미형상으로서의 법률효과가 그 객관성(Objektivitätscharakter) 즉 효력 가운데서 설정되는 것이다.

의사표시가 곧 법률효과의 효력근거는 아닌 까닭에, 해석 즉 의사표시의 의미의 확정 역시 법률효과의 확정과 동일한 것은 아니며, 법률이 의사표시에 효력을 부여할것인지의 여부를 탐구하기 위해서는 오히려 의사표시의 법표준적인(rechtsmaßgeblich) 의미 가운데서 확정된 표시를 법률의 규정에 포섭(Subsumtion)하는 것을 필요로 한다. 법률은 의사표시의 성립과 관련된 이유로부터 — 예컨대 표의자의 행위무능력을 이유로 — , 또는 의사표시의 내용과 관련된 이유로부터 — 예컨대 그 내용의 良俗違反(Unsittlichkeit)이나 不許容(Unerlaubtheit)을 이유로 — , 의사표시에 대해 효력을 부여하기를 거부할 수 있다. 또한 법률은 의사표시가 제한적으로 또는 변경된 의미로서 효력을 가지도록 만들 수도 있다(§140 BGB = 무효행위의 전환). 끝으로 법률은 의사표시 가운데서 표현되어 있는 법률효과 보다 넓은 법률효과를 그 의사표시에 연결할 수 있으며, 그렇게 됨으로써 그러한 법률효과를 지향하는 당사자의 의사표시를 요하지 않고 효력을 가지는 그러한 법률규정의 지배영역이 시작되게 되는 것이다. 그 가운데서, 당사자들이 그 법규의 효력에 관해 합의하지 않은 경우에만 효력을 가지는, 그리고 당사자들에 의해 배제될(wegbedungen werden) 수 있는 법규가 특별히 관심을 끈다. 따라서 그러한 임의법규는 당사자의 결정을 裁可하고자 하거나 또는 역으로 제한하고자 하는 것이 아니라, 당사자들 스스로가 보충을 요하는 점에 관해 어떤 결정을 하지 않은 경우를 위하여, 당사자들의 결정을 보충하고자 하는 것이다. 그러나 많은 경우, 이른바 보충적 해석을 통하여 당사자의 의사 그 자체로부터 그러한 결정이 이끌어 내어 질 수 있다. 따라서 해석과 보충은 한계영역(Grenzgebiete)에 속하며, 兩者를 경계 짓는 일은 이 논문의 결론부분에서 다루어지게 될 것이다; 여기서는 오직 다음과 같은 점만을 확인해 두기로 한다. 즉 의사표시란 효력의 근거가 아닌 까닭에 解釋과 法適用은 결코 합쳐질(zusammenfallen) 수가 없으며, 따라서 이른바 보충적 해석을 통해 발견된 결과(Resultat)는 구성요건사실에 속할 뿐이며 법규에의 포섭을 요하는 반면, 어떤 임의법규의 적용은 이러한 포섭을 전제로 하는 것이다. 이리하여 전술한 바와 같이 해석이란 구성요건사실의 확정과 법적용의 중간에 위치(Mittelstellung)한다는 점은, 의사표시가 지니고 있는 특성의 다음과 같은 두 가지 측면으로부터 입증될 수 있는 것이다. 즉 한편으로는 의사표시란 법률효과를 그 자신 안에 포함하고 있으며 또한 그것을 의미하고 있다는 점이며, 다른 한편으로는 그렇지만 의사표시란 그 자체로서 법률효과의 효력근거가 아니라 오히려 그러한 근거를 법규 가운데서 발견하여야 만 한다는 점이 바로 그것이다. 효력표시로서의 의사표시는 구체적인 법적 관계의 효력근거로서의 법규 가운데서 비로소, 자신의 효력에 대한 요청(Geltungsanspruch)의 근거지움(Begründung)을 발견하게 되는 것이다.

*　　　　*

*

의사표시란 우리들의 견해에 의하면, 어떤 현존하고 있는 의욕에 관한 통지가 아니라 효력표시, 즉 어떤 법률효과를 내용으로 가지는, 다시 말하면 그 법률효과가 효력을 가져야 한다고 표현하는, 어떤 의지적인 표명이다. 어떤 표시 가운데서 현실화(realisiert)되어 있지 않는 한 도대체 법의 視野에 들어오지 않는 의욕에 대해서가 아니라, 효력표시에 대하여 법은 표현된 법률효과를 연결시킨다. 즉 법은 효력표시에 효력을 부여하는 것이다. 이러한 견해로부터 특별히 해석을 위한 결론을 이끌어 내기 전에, 먼저 이러한 견해가 지금까지 문헌들 가운데서 주장되었던 제 견해 및 이른바 의사주의와 표시주의 간의 논쟁에 대하여 어떤 관계에 서 있는가를 검토해 보아야만 할 것이다.

의사주의가 여전히 지배설이라고 말해져야 될 것이다. 의사주의에 있어서는 의사표시란 법률효과가 의욕되었다는 내용을 통지하는 것[38]이다. 이러한 견해에 따르면, 효과의사(der Rechtsfolge- oder Geschäftswille)야 말로 법률효과의 발생을 위한 고유한(eigentlich) 결정적인 요소인 것이며, 표시는 이러한, 그 자체만으로써 충분한 의미를 가지고 있는(bedeutungsvoll) 요소를 告知하는 데 이바지하는

38) Husserl, a.a.O. S.49 역시, 전적으로 의사주의적인 의미에서, 의사표시란 어떤 의식과정을 타인이 知覺할 수 있도록(sinnlich) 告知하는 것이라고 파악하였다.

것에 불과하다. 의사표시란 독자적인 二大部分인 의사와 표시로 이루어져 있다고 말하는 것은, 근본적으로는 의사주의를 부정확하고 왜곡되게 模寫(Wiedergabe)하는 것에 불과하다.[39] 오히려 의사주의는 의사 이전에는 표시에 대하여 결코 어떤 독자적인 의미가 귀속되지 않고, 표시 그 자체만으로써는 법적으로 중요하지 않으며, 그것을 통하여 의사가 작용(wirkt)하는 매개물로써만 표시가 의미를 가지는 것이라고 생각하고 있다.[40] 의사 그 자체가 법을 창조하는(rechtsschöpferisch) 힘을 가지고 있으며, 그것은 자신의 작용(Wirkung)을 전개해 나가기 위하여 어떤 외부적인 認識標識를 필요로 할 뿐이라는 생각은, Savigny에 의해서 그리고 그 이후 Windscheid 및 Zitelmann에 의해 전개되었으며, 오늘날에도 역시 수 많은 저술가들에 의해 주장되고 있는 바와 같이 의사주의의 고유한 핵심사상이다. Savigny는 의사와 표시는 상호 독립적이라는 견해를 명시적으로 거부하였다. "오히려 兩者는 그 본질에 비추어 보면 애당초 서로 결합된 것으로 생각되어 질 수 있다. 원래(eigentlich) 의사 그 자체가 유일하게 중요하며 효력을 가지는 것(das einzig Wichtige und Wirksame)으로서 생각되어져야 하는 까닭에, 그리고 그것은 다만 어떤 내부적이며 不可視的인 事象(Ereignis)이라는 이유 때문 만에 의하여, 우리는 의사가 타인에 의하여 인식될 수 있는 어떤 標識를 필요로 한다. 의사가 그것을 통하여 외부적으로 드러나게 되는 이러한 標識가 바로 표시인 것이다".[41]

39) 同旨: Manigk S.86. 및 "Willenserklärung und Willensgeschäft" S.150ff.

40) Manigk S.44 역시 同旨임.

의사표시란 어떤 의욕의 통지라는 이론을 극복하는 중요한 端初를, 우리는 Windscheid에게서 발견할 수 있다. 그는 표시란 "그 자체로써"(an sich) 결정적인 것으로 여겨지는 의사의 "인식표지"에 불과한 것이 아니라, 표시는 "동시에"(zugleich) 이러한 의사의 현실화(Realisation)라는 점을 지적하였다. 따라서 의사란 결코 과거의 事象이 아니라 표시 가운데 현존하는 의사인 것이다.[42] 하지만 Windscheid는 "동시에"라는 데 멈추어 서 있다; 따라서 그는 다음과 같은 점을 自問해 보지 않았다. 즉 의사가 표시 가운데 "현존"하면서(gegenwärtig), 동시에 의사표시가 어떤 의식과정으로서의 이러한 의사에 관한 통지가 될 수 있겠느냐 라는 점이 바로 그것이다. 오히려 Windscheid는 의사표시란 "어떤 현존하는 의사의 통지이기도(auch) 하다"[43]는 점을 명시적으로 확인하였으며, 따라서 그는 본질적으로는 여전히 意思主義의 傳來的인 行路에 머무르고 있는 것이다. 나아가 그는 법률효과란 결코 의욕될 수 없다는 견해는 살인자가 독약을 먹이는 것을 의욕할 수는 있지만 그에 의해 희생되는 자의 죽음을 의욕할 수는 없다는 견해와 마찬가지라고 생각함으로써, 의사표시와 법률효과 間의 始原的인 관련성에 관한 관념 또한 주장하였다. "그 경우에 작용하는 힘은 법질서의 힘이며 이 경우에 작용하는 힘은 물리적인 힘이라는 사실에 의해 어떤 차이가 생겨나는 것은 아니다". 작동상태에 놓여진(in Bewegung gesetzt werden) "법질서의

41) System Bd.III, S.258.

42) Windscheid im Arch. Ziv. Pr. Bd. 63, S.76ff.

43) a.a.O. S.77.

힘"(die Kräfte der Rechtsordnungen)이라는 이러한 형상(Bilde) 가운데서 어떤 신비스러운 動因(Agens)으로서의 의사라는 관념이 드러나게 되는데, 이 動因은 물리적인 세계에 있어서의 사건이 예컨대 어떤 사람의 사망을 야기하는 것과 동일한 방식으로 "법적인 작용"(Rechtswir-kungen)을 야기하며, 그런 까닭에 이 動因은 본래 효력을 가지는 존재(das eigentlich Wirsame)로서 다시금 그것으로 되돌아가야만 한다.

의사표시와 법률효과 사이의 인과관계라는 관념과 결합된 의사주의는, 끝으로 Zitelmann에 의해 독특한 방법으로 立論되어 있다. Zitelmann은 다음과 같이 설명하고 있다.[44] 즉 법이 어떤 주체에게 법적인 작용을 始原的으로 초래할 수 있는 가능성을 부여함으로써 법은 그 주체의 "원인설정능력"(Kausationsfähigkeit)을 무한대로 확대하는 것이다. 실제적인 행동 가운데서 비로소 의사의 확정성이 공표되는 까닭에, 법은 의욕 그 자체만의 단계에 법률효과를 연결시키는 것이 아니라 표시 가운데의 이러한 의욕의 활동에 법률효과를 연결시킨다; 그러나 표시 그 자체는 법률효과에 대한 의도를 공표하는 것에 불과하다. 따라서 Zitelmann은 의사표시를 "의도표시"(Absichts-erklärung)라고 표현하기도 하였다.[45] 만약 표시가 의도에 상응하지

---

44) Irrtum und Rechtsgeschäft S.245ff.

45) a.a.O. S.243.

46) 따라서, Manigk(S.257)가, 자신에게 귀속가능한 용태의 표시의미와 관련된 표의자의 책임을 법외관의 원칙 위에 근거지운 것은, 전적으로 수미일관되게 의사주의적으로 사고한 것이다. 의사주의자들에게 있어서는, 이른바 의사와 상치되는 표시는 본질적으로는 결코 의사표시가 아니라 외관표시(Scheinerklärung)이며, 그것은 상황에 따라서는 법질서의 널리 알려진 제 원칙에 의해 의사표시와 마찬가지로 취급되기는 하지만 결코 의사표시는 아닌 것이다.

않는 경우에는, 그 표시는 단순한 외관에 불과한 것이 된다.[46] 이리하여 "어떤 법률효과에 대한 의도가 그러한 법률효과의 발생을 위하여 본질적인 것이라는 점 가운데, 모든 법적인 의사표시의 본질적인 징표"[47]가 존재하는 것이다.

따라서 의사주의는 의사표시란 어떤 의욕을 통지하는 것이라고 간주하고 있다. 그런 까닭에 의사주의는 법률효과에 대한 — 자기완결적인(in sich abgeschlossenen) 심리적과정으로서의 — 의욕과 그것을 의도적으로 고지하는 것을 구별하고 있다. 즉 "효과의사"를 "표시의사" 및 의욕된 표시 그 자체로부터 구별하고 있다. 그리고 의사주의는 어느 정도 명백하게, 표시로부터 고립된 이러한 "효과의사"를 "본래" 본질적인 존재(das eigentlich Wesentliche), 표시 가운데서 모습을 드러내는 법적인 "物 그 自體"(Ding an sich)로 간주하고 있다. 의사표시를 효력표시로 파악함으로써 의사주의는 그 토대를 상실하게 된다. 그러나 동시에 의사표시는 의사의 통지가 아니라 그 현실화(Realisation)라는 의사주의자들의 머리에 떠올랐던 생각이, 비로소 충분히 전개되게 된다. 얻고자 하는 법적인 事象(Sachverhalt)을 의사가 직접적으로 지향함으로써 의사는, 어떤 의지적인, 어떤 효력의 발생을 지향하는 표명으로서의 의사표시 가운데서, 객관화 된다. "그 자체로써"(an sich) 현존하고 효력 있는 의욕의 통지로서가 아니라 의사를 객환화시키는 존재(Willensobjektivation)로서 여겨지는 의사표시는, 모든 행위와 마찬가지로, 객관적인 구성요건을 주관적인 요소와 연결시키는 歸屬能力이 있으며(der Zurechnung fähig) 또한

47) a.a.O. S.276.

그것을 필요로 한다. 이와 같이 의사적인 요소에 그 의미가 인정되어 있기는(bleiben gewahrt) 하지만, 의사는 더 이상 — 바로 이러한 요소가 없이는 도대체 의사표시가 될 수 없는 — 표시의 대립물이 아니며, 그 자체 만으로써가 아니라 의사표시의 귀속에 있어서의 한 요소로서만 의미를 가진다. "의지적인"(volitive) 표명으로서의 의사표시는 의사적인 요소를 내포하고 있다. 그러나 의사표시는 어떤 의욕에 관한(über) 언명을 포함하고 있지는 않으며, 또한 "그것을 통해 의사가 공표되는 표지"가 아니라, 효력을 가져야 한다는 것과 같은 것을 그 내용으로 하는 의사(Willensinhalt)의 직접적인 표현인 것이다.[48)]

마찬가지로 의사표시란 어떤 의욕에 대한 고지(Kundmachung)라는 전제에서 출발하고 있는 표시주의에 대해서도 — 이 이론이 의사란 법적인 효과를 지향하고 있는 것으로 표현하든 아니면 非법적인 효과를 지향하고 있는 것으로 표현하든, 그리고 의사를 "경험적인 의도"(empirishce Absicht)[49)]나 경제적인 의도(wirtschaftliche Absicht)로 표현하든, 아니면 어떤 "사실상의 의욕"(ein faktisches Wollen)[50)]으로 표현하든 간에 — 우리는 거부적인 태도를 취해야 할 것이다. 이 모든 이론은 의사표시의 특수한 법적인 성격을 어느 정도 오해하고

---

48) 반대로 표시를 어떤 의욕에 관한 언명(Aussage)으로 간주할 경우에는, 표시란 의사내용의 직접적인 표현이 아니라, 어떤 의사과정을 그 본질로 하는 어떤 관념의 내용을 표현하는 것이 될 것이다.

49) Bechmann, System des Kaufs nach Gemeinem Recht, Bd.2, S.11.

50) 同旨: Schall, Parteiwille und Rechtsgeschäft, S.16; Lenel in Jehrings J. Bd.19, S.154ff.; Danz S.7; 나아가 Thon, Rechtsnorm und subjektives Recht, S.365; Kohler in Jehrings J., Bd.18, S.155ff.; Hölder in Jehrings J., Bd.65, S.425; Isay, Die Willenserklärung im Tatbestande des Rechtsgeschäfts, S.82.를 참조할 것.

있거나[51], 혹은 다소간 심리학적인 의미를 고집하고 있다.[52] 이와 반대로 문헌들 가운데서 이미 다음과 같은 견해가 발견되기도 한다. 즉 물론 그 때까지 아직 의사표시의 논리적 - 情意的 성격이 인식되지는 않았지만, 의사표시란 어떤 현존하는 의욕에 대한 통지가 아니라 그것과는 다른 그 무엇이라는 견해가 바로 그것이다. "의사표시란 私法的인 법률효과표시"(privatrechtliche Rechtsfolgeerklärung)라는, Binder에 의해 초기에 주장되었던 견해[53]가 여기에 속한다 — 물론 이 견해는 후일 Binder에 의해 다시 포기되었다. 그러나 특히 Henle와 Bülow의 이론은 여기에 속한다.

Henle에 의하면 "공표이론"(Offenbarungstheorie)에 대립되는 "처분이론"(Dispositionstheorie)은, 의사표시란 법률효과와의 어떤 정신적 관련성을 공표하는 것이 아니라 바로 그 법률효과가 초래되도록 하는 것(auf das Herbeigeführtwerden desselben lauten läßt)으로 파악하는 견해라고 한다.[54] 따라서 一見하면, 우리들의 견해와 처분이론은 일치하는 것처럼 보인다. 그러나 초래됨(Herbeigeführtwerden)이란 어떤 의미로 이해될 수 있는 지가 문제이다. Henle는 이를 하나의 인과적인 과정으로 이해하고 있으며, 바로 그런 까닭에 의사표시의 情意的 성격을 간과하고 있다. 그는 전적으로 자연주의적인 입장에서, 법질서를 하나의 物(ein Ding) 즉 어떤 "생명력 없는 메카

51) Henele(S.261)는 Schall의 이론에 대하여, 거기서는 구속력을 가지는 의사표시와 자기 자신의 私的인 결심에 관한 이야기(Erzählen) 사이의 경계가 없어지게 됨을 적절히 지적하였다.

52) Geisteseffekt 에 관한 Kohler의 이론이 특히 그러함.

53) Arch f. Rechts- und Wirtschaftsphilosophie, Bd. VI, S.99.

54) S.307.

니즘”(einen leblosen Mechanismus)[55]으로 관념하고 있으며, 그러한 메카니즘은 마치 자동기계(Automat)와 같이 법률효과를 생산하기(produzieren) 위하여 개인에 의해 작동되어 지는 것을 기대하고 있는데 불과하다는 것이다. 법질서는 “마치 사격할 때의 총의 공이치기처럼” 의사표시에 의해 “찰칵하고 움직인다”(einschnappen)[56]. 법질서를 마치 기계와 같은 것처럼, 그리고 의사표시를 마치 그러한 기계를 작동시키는 동력과 같은 것처럼 여기는 奇異한 관념! 게다가 그것은 주체의 “원인설정능력의 확대”(Erweterung der Kausationsfähigkeit)라는 Zitelmann의 이론을 발전시킨 것에 불과한 것이다. Henle의 생각에 의하면, 법질서는 법의 세계를 主宰할 수 있는 능력을 인간에게 부여한다. 그리고 이러한 “권한부여”는 “구체적인 의사표시의 착수에 시간적으로 先行”한다.[57] 그것은 주체의 “원인설정능력”을 “실현시킨다”(bewirkt). 따라서 Henle는 법질서란 效力根據(Geltungsgrund)가 아니라 時的-因果的 成立根據(zeitlich-kausalen Entstehungsgrund)라고 여기고 있다. 나아가 그것(법질서)은 필요한 경우 그 조직된(aufgezogen) 메카니즘을 때에 따라 改善한다는 留保를 하면서 뒤로 물러선다고 Henle는 생각하였다.[58] 개인은 그가 법률효과를 초래한다고 표시함으로써 이러한 메카니즘을 이용하며, 그것에 의해 법질서는 “찰칵하고 움직인다” — “수 천번 관찰된 자연적인 인과관계로서 견고하고 확실하게 전개되면서”.[59] 따라서 Henle에 있어서는

55) S.341.

56) Ebenda.

57) S.342.

58) S.347.

의사표시란 "표의자가 법률효과를 초래한다"는 표시를 의미한다.[60)]

기계적인 자연과학의 관념세계의 영향이라고 밖에는 달리 설명될 수 없는 Henle의 견해는, 바로 (다음과 같은) 사실을 왜곡하고 있는 것이다. 그는 법질서란 개인이 자신의 작업도구로서 사용하는 하나의 장치(Apparat)라고 생각하고 있지만, 그러나 법질서는 바로 개인에 대하여 효력을 가지며 그를 구속하고 그의 말을 고수하며, 그의 恣意에 목표와 한계를 설정하는 것이다. Henle는, 그에 의해 반박된 "공표이론"과 마찬가지로, 의사표시란 비록 어떤 의욕에 관한 언명은 아니지만 어떤 거동(Tun)에 관한 언명이라는 점에서는 하나의 언명인 것으로 간주하고 있지만, 그럴 경우 어떻게 해서 언명의 대상과 언명 그 자체가 합치될(zusammenfallen) 수 있는지 의문이다 — 내가 "이렇게 함으로써"(hiermit) 그것을 초래한다고 말한다는 바로 그 이유에 의해, 어떻게 그것이 초래될 수 있는가. 여기서, Henle는 자신의 이론의 근거를 일상생활의 언어관용[61)], 예컨대 "사겠다", "증여하겠다", "임대한다"는 것과 같은 관용구에 두고 있다 — 그러나 주지하는 바와 같이 언어적인 표현은 그 의미와 합치하지 않으며, "사겠다"는 표현이 우리가 매매라고 부르는 어떤 특정한 법적인 事象이 효력을 가져야 한다는 점에 관한 압축적인 표현법이 아닌가라는 의문이 생긴다. 실제로는: 내가 매도인에게 이 책을 "사겠다"라고 말하는 경우, 그렇게 함으로써 내가 어떤 특정의 활동 즉 매매를 성취시키겠다

59) S.341.

60) S.349.

61) S.358f.

는 점에 대해 언명을 하는 것이 아니라, 그 책이 나에게 양도되어야 하고 나는 매매대금지급의무를 져야 한다는 사실을 표현하는 것이며, 곧 그 책이 나에게 이전될 것이라는 기대와 곧 내가 그 대금을 지급하겠다는 용의가 일반적으로는 바로 그 점과 연결되어 있는 것이다. 그렇지만 이러한 기대와 용의는 매수의 청약에 있어서 본질적인 것이 아니며, 의사표시의 개념과 관련하여 필수적인 요소는 아닌 것이다. 생활상의 언어관용은 결코 Henle의 이론을 위한 근거가 되지 못한다; 언어관용 그 자체는 애당초 증명력 있는 논거가 아니며, 그것은 우선 그 의미내용에 의해 검증되어야 하고, 이러한 검증을 거친 결과가 비로소 의사표시의 논리적 특성을 규정하는데 있어서 고찰의 대상이 될 수 있는 것이다.

의사표시를 하나의 當爲表示(Sollenserklärung)로서 파악하는 Bülow의 이론은, 우리들의 견해에 매우 가깝게 접근한다. Bülow는 정당하게도, 의욕이란 오직 어떤 행위의 "기도"만을 지향할 수밖에 없고 또한 그 행위 가운데서 끝나며(消盡: erschöpfen), 의욕은 결코 순수하게 내면적으로 존재할 수 없으며 또한 행위 이후에는 하나의 정신적인 상태로서조차 존속할 수 없다는 전제에서 출발하고 있다. 따라서 의사표시는 결코 정신적인 상태로서의 의욕을 공표할 수 없으며, 의사표시는 의욕표시가 될 수 없고 오히려 그(의사표시) 가운데서 어떤 의사가 현실화(realisieren) 될 뿐이며, 의사표시 그 자체는 그 무엇이 의욕되었다는 점에 대한 통지를 내포하고 있는 것이 아니라 어떤 법률효과가 발생하여야 한다는 점에 대한 결정을 내포하고 있는 것이라고 한다: 즉 의사표시는 당위표시라고 한다. 법률행위적인 의사표시는 이러한 법률행위적인 "당위"가 의욕된 바(ein gewolltes)라는 것을 공표하거나 혹은 어떤 방법에 의해서든 암시(andeuten)하는 것이 아니다. 그리고 이에 관한 확약(eine hierauf bezügliche Versicherung)을 덧붙일 경우, 이는 불필요한, 법적으로 중요하지 않은 부가물(Zusatz)이 될 것이다.[62)]

Bülow의 이론을 검토하는 데 있어서는, "당위"란 일반적으로 어떤 의미를 가지는가라는 점이 중요하다. Bülow에 대한 비판론자들은 당위란 의욕을 지칭하는 또 다른 하나의 표현방법이라고 한다.[63)] 명령(der Befehl od. das Gebot)이란 바로 의욕의 가장 강한 형식으로 여겨진다는 점으로부터, "당위"란 어떤 의욕의 통지에 다름 아니라는 것이 분명해진다고 Kisch는 생각하였다. 따라서 명령명제나 의욕명제가 어떤 언명으로 환원될 수 있느냐 아니면 그것은 논리적으로 독자적인 의미를 갖느냐라는 논리학상의 문제는, Kisch에게 있어서는 전혀 고려되지 않았다. 이 문제는 Manigk에 의해 더욱 더 심한 오해를 받았다. Manigk는 어떤 말(馬)의 매수인은 "일차적으로 그가 그 말을 사려고 의욕하는 것을 표시한다"는 점을, Bülow는 간과하고 있다고 생각하였다.[64)] 그러나 Bülow는 바로 그 점을 분명히 문제로 삼고 있었다! 따라서 의사표시란 결코 어떤 "내면적인 의도의 통지"가 아니라는 점을 분명히 밝히고 있는 Bülow에 대해, Manigk가 이어서

62) Bülow, Das Geständnisrecht. S.125.

63) Kisch in Göttinger Gelehrte Anzeigen, 163. Jahrgang, Bd. I, S.218, Lenel in Kritische Vierteljahrsschrift, Bd.42, S.571, Breit, Geschäftsfähigkeit S.169. v. Tuhr S.144 Anm.4 역시 同旨임. 그러나 Schneider in Archiv f. Bgl. Recht Bd. 42, S.287ff.는 Bülow에 찬동하고 있음.

64) Willenserklärung und Willensgeschäft S.57.

다음과 같이 말한 것은 전적으로 부적절하다. 즉 "주지하는 바와 같이(!) 어떤 법률효과를 지향하는 모든 내면적인 의도의 통지는, 일차적으로는 바로 그 의도를 공표하는 것이다" 라는 Manigk의 주장이 바로 그것이다. Henle 역시 "당위" 란 법률효과를 초래하도록 법질서에 부여된 "명령" (Befehl) — 그것이 하나의 허무맹랑한 관념임은 말할 나위도 없다 — 으로 이해하고 있는 점에서, Bülow를 제대로 이해하지 못하고 있다. 결코 Bülow는 이러한 "명령이론" (Befehlstheorie)에 있어서와 같은 의미로 당위를 생각한 적이 없다. 그는 "당위" 를 어떤 의욕의 통지나 명령이라고는 생각하지 않았으며, 그것은 어떤 구체적인 법적인 결정을 하는 것(Setzung einer konkreten Rechtsbestimmung)이라고 생각하고 있었다. 어떤 권리가 어떤 모습으로 발생, 변경, 소멸하게 되는가를 법률행위적인 의사표시가 결정해줌으로 인해, 그 의사표시를 통하여 어떤 구체적인 법적인 규정(Rechtsanordnung)이 행해지는 것이다. 그리고 이러한 당위표시 즉 명령(Gebot)에 대해 법질서가 구속력을 부가하는 것이다. 그런 까닭에 당위표시는 그 대상 및 작용에 비추어 볼 때 법의 영역에 속하는 것이다: 그것은 법명령(Rechtsgebot)이다.[65] 따라서 Bülow는 의사표시란, 어떤 법률관계가 효력을 가지도록 하는 것(eine in Geltung-Setzung)이라는 의미에 있어서만, 하나의 법적인 규정(eine Rechts-Anordnung)이라고 생각하였다; 그러나 효력 그 자체는, Bülow의 견해에 의하면, 의사표시에 대해 "구속력" 을 부가하는 법질서에 기인하는 것이다. 이리하여 Bülow의 견해는 실제로는 우리들의 견해와 매우 유사하다는 점이

65) a.a.O. S.129.

밝혀졌다; 그의 이론의 難点은 오직 다음과 같은 사실에 기인하는 것이다. 즉 그는 의사표시 가운데서 표명된 "당위"의 논리적 특성에 관해서는 분명히 밝히지 않았다는 점, 그리고 그는 의사표시를 언명명제에 대립되는 의지적 명제로는 아직 인정하지 않고 있었다는 점이 바로 그것이다. 그의 이론에 대한 위에서 언급된 바와 같은 오해는, 바로 이 점에 의해서만 가능한 것이다. 그러나 의사표시의 의지적 성격(der volitive Charakter der Willenserklärung) 및 의사표시의 어떤 법적인 事象의 효력에로의 定向(ihre Richtung auf Geltung eines rechtlichen Sachverhaltens)이 의사표시가 "구체적인 법적 규정"(konkrete Rechtsanordnung)으로서의 성격을 갖게 만드는 것이라는 점을 인정한다면, 즉 "당위표시"를 "효력표시"로 이해할 경우에는, Bülow에 대한 反論들은 그 근거를 잃게 된다.

* *

*

의사표시를 효력표시로 파악하는 견해로부터, 법해석학(die juristische Dogmatik)을 위한 중요한 결론이 도출된다. 오직 판단적인 사고만이 진리를 목표 삼으며, 정의적인 사고는 진리를 목표삼지 않는다. 따라서 의지적인 명제들은 진리(Wahrheit)일 수도, 진리가 아닐(Unwahrheit) 수도 없다. 예컨대 잘못된 명령은 참되지 않은(unwahr) 명령이 아니라, 합목적적이지 못한(unzweckmäßig) 명령이다. 이리하여 의사표시 역시, 참된 것일 수도, 참되지 않은 것일 수도 없다. 진리(이론적인 옳음= theoretischer Richtigkeit)란 판단내용과 판단대상이 일치하는 것이라고 이해한다면, 효력을 지향하는 의지적인 표명의 경우에는 그것을 통해 요청된 事象의 실제적인 효력이 진리를 대신한다. 의사표시는 의사표시를 통해 표현된 법적인 事象이 의사표시와 함께 통용력을 부여받을(in Geltung tritt) 경우, "효력을 가진다"(gilt). "유효한"(gültig) 또는 "무효인"(ungültig) 의사표시라고 말하는 것은 이러한 의미에서 이다. 의사표시의 "효력에 대한 요청"(Geltungsanspruch)이 이론적인 판단의 "진리에 대한 요청"(Wahrheitsanspruch)을 대신한다. 이것을 깨달음으로써 비로소 의사표시를 "효력표시"라고 부르는 것이 정당화 된다. 발생하여야 할 법적인 효력(Gelten)에로의 지향(Richtung) 가운데 효력에 대한 의사표시의 고유한 요청이 내포되어 있으며, 그 요청에 충분한 근거가 있는지의 여부에 따라 그 요청은 어떤 의사표시를 유효하다거나 또는 무효라고 할 수 있게끔 한다.

의지적인 표명은 판단적인 표명과 마찬가지로 어떤 표현상의 흠(Ausdruksfehler)과 결부될 수 있다. 그러한 흠은 이론적인 옳음의 결함처럼 판단내용과 판단대상의 불일치에 기인하는 것이 아니라, 생각되어진 의미와 표현상의 의미의 불일치에 기인한다. 이러한 相違(Divergenz)는 독일 민법 제119조에 따라 표시내용에 관해 중요한(beachtbaren) 錯誤가 있는 事案들의 기초를 이룬다. 따라서 "착오"는 의사와 표시의 相違에 기인하는 것이 아니라, 생각된(주관적인) 표시의미와 법표준적인(귀속가능한) 표시의미의 相違에 기인한다. 잘못된(irrig) 표시는 "참되지 않은"(unwahr) 표시가 아니다: 그것은 실제로는 존재하지 않는 의사에 관해 잘못 말한 것이 아니라, 다만 흠을 가지고 성립한 규율(Anordnung)에 불과하다. 의사표시와 흠과의 결부는, 내용(Inhalt)이 아니라 표현(Ausdruck) 가운데 존재한다. 실정법은 그것을 이유로 의사표시의 효력을 부인하거나, 또는 취소의 의사표시를 통해 의사표시의 무효를 초래할 수 있는 재량을 표의자에게 부여한다; 그러나 잘못된 따라서 아마도 효력을 가지지 못할 의사표시도, 그 의미에 따라 하나의 효력표시로서 존재하고 "단순한 외관"으로 전락하지는 않으며, 비록 효력을 가지지 않는 효력표시라 할지라도 법적으로는 여전히 의미를 가질 수 있는 것이다. 마찬가지로 이른바 "心裡留保"(Mentalreservation: 비진의표시) 역시 의사표시 그 자체의 존재(Wesen)에는 영향을 미치지 않는다. 이 경우에는 표시가 참되지 못한 것도 아니며 또한 전적으로 흠을 가지고 성립한 것도 아니다: 그 표시는 그것이 이해되어 질 수 있는(verstehbar ist) 바대로 생각되었다(gemeint ist) — 그것이 효력을 가지지 않아야 한다는 "숨어 있는 留保"(der geheime Vorbehalt)는 단순히 내면에 존재하는 異議(Widerspruch)이며, 그것은 객관적인 표명으로서의 의사표시에 도대체 아무런 영향도 미치지 않는다.[66)]

따라서 의사 · 표시 二元論은 의사표시를 효력표시로 파악함으로써 극복되게 된다. 왜냐하면 그렇게 함으로써, 자기완결적인 심리적 事象(Vorgang)으로서의 의욕 즉 신비스러운 법학적 "物 그 자체"(Ding an sich)로서의 "효과의사"가 종국적으로 제거되며, 그 대신에 주관적인 의미와 객관적인 의미의 單一體인 의사표시(Willenserklärung in ihrer Einheit von subjektivem und objektivem Sinn)는, 어

66) Brodmann, a.a.O. S.57은 적절하게도 다음과 같이 말하고 있다: 약속을 하는 者가 내면적으로는 그러한 약속을 하고자 하지 않는다는 유보를 두었다고 하더라도, 그것은 아무런 의미가 없는 것이다(ganz sinnlos).

떤 의욕에 관한 통지가 아니라 효력을 가져야 할 법률효과를 표현하는 의사행동(Willenshandlung) 및 의미표명 (Sinn-Äußerung)으로 여겨지게 되기 때문이다. 의사 · 표시 이원론과 함께 "의사주의의 우월성" (Superiorität des Willensprinzips) 역시 붕괴되게 되며, 의사에 효력을 부여하는 해석을 위한 모든 시도 — 그것이 표시에 반대되는 (entgegen) 것이든, 표시에 병렬적인(neben) 것이든 아니면 표시 내부에서(in) 이루어지는 것이든 간에 — 또한 붕괴되게 된다. 해석이란 "의사를 탐구하는 것" (Willenserforschung)이라는 견해, 해석은 최소한 "의사" 로부터 출발해야 한다는 견해, 또는 "의사" 가 표시의 법표준적인 내용을 결정할 수 있다는 견해는 그 근거를 잃게 된다. 해석은 "의사" 및 의사의 표시에 대한 관계와 관련을 맺고 있는 것이 아니라, 표시의 다양한 가능한 의미들과 관련을 맺고 있을 뿐이며, 해석은 이러한 의미들 가운데서 표준적인 의미를 탐구하여야 한다. 해석은 법표준적인 표시의미를 확정하는 것이다; 그렇지만 이것은 표시와 상이한 의사를 따르는 것이 아니라, 당사자들의 객관적인 이해가능성 및 그러한 가능성들의 형평에 맞는 比較考量(Abwägung)에 따라 이루어진다.

제3부

표시의미(Erklärungsbedeutung)의 귀속가능성(Zurechenbarkeit)

제3부

표시의미(Erklärungsbedeutung)의 귀속가능성 (Zurechenbarkeit)

우리가 의미를 담고 있는 존재(Träger)로 여기는 어떤 事象(Vorgang)이나 對象(Gegenstand)에 귀속되는 의미는, 오직 어떤 특정한 의식과 관련해서만 그것(사상이나 대상)에 귀속된다. 왜냐하면 "의미"란 어떤 物的인 것(Dinghaftes) 즉 인간의 意識에 대한 所與(dem menschlichen Bewußtsein Gegebenes)가 아니라, 의미와 표지(Zeichen)를 결합시키는 의식에 소속하는(angehören) 것이기 때문이다. 그러한 한 의식은 어떤 "주관적인 존재"이다. 그러나 표지(Zeichen)와 의미(Sinn)의 결합 즉 표현(Ausdruck)과 의미(Bedeutung)의 결합은 자의(Willkür)나 우연(Zufall)에 의해서가 아니라, 특정한 기준(Maßstab)에 따라 "의미지시적인"(bedeutende) 의식 가운데서 이루어진다. 그리고 이러한 기준이란 모든 인간의 의식과 관련해서든, 어떤 특정한 범위(Umkreis) 즉 예컨대 어떤 言語共同體와 관련해서든, "타당성을 가지는"(gelten) 것이다. 거기에 의사소통(Verständigung)의 모든 가능성이 근거를 가진다. 어떤 특정한 인간집단, 즉 어떤 민족이나 종족 또는 그보다 크거나 작은 공동체 내부에서, 어떤 특정의 표현과 관련하여 어떤 특정의 의미가 형성되며, 그 의미는 그 집단의 구성원들에 대해 "효력을 가지고"(gilt) 그 구성원들에 의해 이해되며, 그들은 그 집단의 다른 구성원들이 그 의미를 이해하고 있음을 전제한다.[1] 의미는 개별적인 경우에 있어서 개개인이 그 의미를 이해하느냐의 여부에 관계없이 "효력을 가진다". 따라서 의미는 비록 이러한 특정한 인간집단의 의식 가운데서만 모습을 드러내는 것이기는 하지만, 개개인의 개별적인 理解(jeweiliges Verständnis)와는 무관한 것이다. 또한 개개인이 그 의미를 "올바르게" 이해한 경우에도, 그 의미는 개인으로서의 그 사람에게 속하는 것이 아니라 그 사람에 대한 規範으로서 존재하며(steht ihm gegenüber als Norm), 그 사람은 그 규범을 향해 자신을 "맞추는" (sich richtet)것이다. 그 가운데에 의미의 客觀性(Objektivität)이 존재한다. 따라서 어떤 표현의 "객관적인" 의미란, 어떤 特定의 人的 範圍(Personenkreis)에 있어서 이해가능한 의미이며[2], 이러한 집단의 구성원들은 그 의미를 향해 자신을 맞추는 것이다.

객관적 의미란 항상 어떤 특정의 인간집단과 관련된 의미라면, 개개인과 관련하여 어떤 의미가 객관적인 것이냐는 문제는 그 개인의 그러한 집단에의 소속 여부에 의존하게 된다. 어떤 표현의 의미를 결정하는 것은 일차적으로는 言語共同體(Sprachgemeinschaft)이다. 그러나 그러한 공동체 내부에 다시, 특정한 의미가 그 안에서 통용되는

---

1) Vgl. dazu F. Kaufmann, Die Kriterien des Rechts, S.106: "따라서 모든 의미 있는 표지는 본질적으로는 "모든 사람과 관련된 표지"(Zeichen für jemanden)이다. 예컨대 언어적인 표지는, 그 언어공동체와 관련된 표지이다. — 따라서 모든 표현에 대해 어떤 人的인 이해범위(ein personaler Verständnisbereich)가 對應한다". Schreier, Die Interpretation der Gesetze und Rechtsgeschäfte, S.58 역시 同旨임: "개별적인 표현은, 오직 사람들의 어떤 집단(Kreis von Personen) — 그 집단과 관련하여 그 표현이 어떤 통일적인 의미의 공통적인 표현이 되는 — 의 내부에서만 의미를 가진다".

2) Vgl. auch Freyer, a.a.O. S.18.

(vorherrschen) 보다 작은 집단이 존재한다. 어떤 단어의 객관적인 의미는 南部 독일에서는 北部 독일에서와 다를 수가 있다. 인적 범위 — 그것과 관련하여 의미가 효력을 가지는 — 가 보다 작은 것이라 할지라도, 그것 때문에 그 의미가 객관성을 잃는 것은 아니다. 이러한 인적 범위는 극단적으로는, 두 사람으로 이루어 질 수도 있다. 만약 내가 다른 사람과 어떤 단어, 예컨대 "Semilodei" 라는 단어의 어떤 특정한 의미에 관해 약정했다면, 이제부터는 이러한 의미가 우리들 사이에서 객관적인 의미이다. 왜냐하면 그 의미가 우리들과 관련하여 "효력을 가지고" (gilt), 우리는 그 의미를 이해할 수 있으며 그것을 향해 자신들을 맞출 수 있기 때문이다 — 그 의미가 개별적인 경우에 있어서 "올바르게" 이해되었느냐의 여부에 관계없이. 동시에 그러한 특수한 객관적인 의미에 의해 일반적인 의미가 배제 된다; 따라서 일정한 장소에서 통용되는 의미(die ortsübliche Bedeutung)는 일정한 지방에서 통용되는 의미(die landesübliche)에 우선하고, 後者는 다시 全言語共同體에서 통용되는 의미에 우선하며, 보다 작은 집단에서 통용되는 의미는 보다 큰 집단의 그것에 우선한다.

따라서 우리는 어떤 표현의 객관적 의미는 항상 어떤 특정한 인적 범위(Personenkreis)과 관련해서만 효력을 가진다(gilt)는 사실을 알게 되었다. 그런 다음 法이 表意者에 대하여, 그가 표현한 단어의 객관적인 의미와 관련된 責任(Verantwortung)을 부과한다. 법에 의해 의사표시는 이러한 의미로 효력을 가지게 되며(gelten), 또한 법은 표의자가 일정한 요건 하에서만 그 의사표시로부터 해방되는 것을 허용해 준다. 표의자의 이러한 책임은 表示意味의 歸屬可能性, 즉 표의자와 관련하여 객관적이며 바로 그에게 귀속가능한, 그리고 그 의미를 표의자가 計算에 넣을 수 있는, 그러한 의미가 법적으로 구속력 있는(rechtsverbindliche) 의미로 간주되어야 한다는 思考 가운데 그 基礎를 발견한다. 표의자가 소속된 生活圈(Lebenskreis) 내부에서 관용적인 것(die übliche)으로서 효력을 가지며 그 圈 내부에서 이해되고 있는 어떤 표현의 의미가, 일반적으로는 바로 그러한 구속력 있는 의미이다. 그러나 만약 의사표시가 어떤 특정의 상대방에게로 향해져 있는 경우에는, 그 상대방이 보다 좁은 생활권에 속해 있을 경우에만, 표의자는 상대방이 그 표시를 그 표시가 그러한 좁은 생활권 내부에서 가지는 특별한 의미로 이해하리라고 전제(annehmen)할 수 있다. 이리하여 귀속가능한 의미는, 예컨대 표의자의 생활권 안에서 효력을 가지는 의미와 같은 객관적인 의미와 일치하지 않을 수 있다. 오히려 그것(귀속가능한 의미)은, 의사표시의 상대방(die Person des Erklärungsgegners)을 통해 조건 지워진다. 만약 내가 어떤 他人과 "Semilodei" 라는 단어의 특정한 의미에 대해 합의했다면, 나에게 있어서 그 단어는 제3자와의 관계에 있어서가 아니라 오직 그 타인과의 관계에 있어서만 그러한 의미를 갖는다. 따라서 의사표시와 관련된 책임은, 상대방에 의해 그 표시에 부가(beilegen)될 수 있으며 또 그렇게 되어야 할 의미와 관련하여, 표의자가 자신의 상대방에 대해 책임져야(einstehen)한다는 것을 의미한다. 그러나 상대방의 이러한 이해가능성은, 표의자 자신이 그것을 계산에 넣을 수 있는 경우에만 고려될 수 있다. 따라서 그것은 일방적으로 해석의 기초가 되어도 좋은 것은 아니다. 오히려 자신의 상대방이 이해했으리라고 표의자가 기대할 수 있으며 또 기대하여야 하는 그러한 의미 — 표의자 자신이 상대방의 이해 바로 그것을 고려하면서 자신이 표현한 단어에 부가하여도 좋은 의미 — 만이 표의자에게 귀속될 수 있는 것이다. 이러한 의미는 표의자가 자신이 표현한 단어를 실제로는 어떤 뜻으로 생각하였는가 또는 상대방이 그것을 어떻게 이해하였는가라는 점과는 무관하다. 정반대로 그것은 양 당사자의 이해가능성, 궁극적으로는 표의자의 이해가능성에 의존한다. 따라서 해석은 단어의 추상적인 의미나 특정한 사안에 있어서 실제적으로 의도된 바를 탐구해서는 안되며, 또한 표의자의 입장이나 그 상대방의 입장에 일방적으로 놓여져서도 안된다. 오히려 해석은 표의자가 자신의 상대방에게 있어서 이해가능한(verständliche) 것으로 여겨야 하는 의미, 즉 具體的인 狀況을 고려할 때 표의자에게 귀속될 수 있는 의미를 문제 삼아야 한다. 따라서 해석의 방법은 規範的인(normativ) 동시에 個別的인(individualisierend) 것이다: 그것은 의도된 의미가 아니라 법적으로 구속적인(rechtsverbindlich) 즉 귀속가능한 의미로부터 출발하지만, 그러나 이러한 의미는 일반적인 방법에 의해서가 아니라, 구체적인 상황과 당사자들의 이해가능성에 따라 개별적으로 결정된다.

표의자에게 귀속가능한 의미를 法標準的인(rechtsmaßgeblich) 것으로 간주하여야 한다는 원칙을 통하여, "객관적 해석방법"에 있어서 필연적으로 수반되는 바와 같은, 상대방의 이해만을 일방적으로 목표 삼는 것이 회피된다. 그리고 또한 그것을 통하여, 어떤 표시가 表意者 자신과 관련하여 가질 수 없는 의미, 즉 표의자가 예견할 수 없었고 따라서 그에게 있어서는 우연적인 의미에 대해 그 표의자가 책임을 지게 되는 결과가 회피된다. 그 점은 우선, 문헌들 가운데서 자주 등장하는 例들 가운데 몇몇에 있어서 보다 분명해 질 것이다. 독일의 일부 지방에서는 “Hochparterre” 란 일층(Erdge- schoß)으로 이해되고 있지만, 다른 지방에서는 그 위에 세워진 층(이층)으로 이해되고 있다. 그런데 Parterre-Wohnung이 이층(das erste Stockwerk)으로 이해되고 있는 지방에서 어떤 사람이 어떤 Parterre-Wohnung을 서면을 통해 임차했는데, 그 사람은 지금까지 늘 Parterre-Wohnung이란 일층으로 이해되고 있는 지방에서만 살아 왔고 또 지금도 아직 그 지방에 살고 있으며, 자신의 새로운 거주지에서의 상이한 言語慣用에 대하여 아는 바가 없다(고 하자). 만약 여기서 그 者의 의사표시는 그 상대방이 이해해야 했던 의미로 해석되어야 한다면, 그 결과 이층에 관한 계약이 체결된 것이 된다. 임차인은 오직 취소할 수 있을 뿐이며, (취소하면) 소극적 이익을 배상하여야 한다. 그러나 그와 관련해서는 “일층” (Erdgeschoß)이 “Parterre” 라는 표현의 객관적 의미였던 것이다. 그 지방의 상이한 언어관용이 아직 표의자에게 알려지지 않았거나 혹은 그가 그곳에 실제로 거주한 이후에야 알려질 수 있게 되어 있었던 경우에는, 그는 상대방이 그 표현을 달리 이해하리라고 전혀 예상할 수 없었을 것이다. 따라서 표의자에 대한 관계에서는 그에게 잘 알려진 의미만이 귀속가능한 것이며, 그 결과 이 사안에서는 不合意가 인정되게 된다. 왜냐하면 상대방의 표시 역시 그 상대방의 의미대로 해석되어지기 때문에. 램프를 올려놓음으로써 A가 B에게 어떤 청약에 대한 승락의 통지를 하기로 되어 있었는데, A는 그렇게 함으로써 청약에 대한 거절을 표현하는 것이라고 誤信한 Manigk

의 例에 있어서는, 램프를 올려놓는 것을 B는 승락으로 이해하리라는 점에 대해 A가 예견하였어야 했기 때문에, 램프를 올려놓는 것은 승락으로서 효력을 가진다. 그러나 만약 A의 생각이 정당화되어지는 것이었던 경우에는 사정이 달라질 것이다. 즉 어떠한 이유에 의해서든 그가 그렇게 전제할 수 있었고 또 그러해야 했던 경우에는, B 역시 정당하게 그 표시가 청약에 대한 승락을 의미한다고 전제했다할 지라도, 그 표시는 거절을 의미한다.

자주 논의되어 온 "Semilodei" 사건에 있어서의 라이히 법원의 판결 역시, 귀속가능한 표시의미에 대한 고려와 일치를 이룬다.[3] 라이히 法院은 일반적으로는 의사표시는 "상대방이 신의성실의 원칙에 따라 그 표시를 그렇게 파악해도 무방한"(sie die Gegenpartei nach Treu und Glauben auffassen durfte)[4] 그러한 의미로 해석되어야 한다는 입장을 대표하지만, 이 사건에 있어서는 두 의사표시를 각기 그 표의자가 그렇게 파악해도 무방한 의미로 해석하였다. 뉴욕의 상회는 대리인(Agent)에 의해 뉴욕의 상회에 전달된 의미, 즉 매도인의 "보증이 붙은" 매매(Kauf mit Garantie des Verkäufers)라는 뜻으로, 함부르크의 상회가 Semilodei라는 단어를 이해하리하고 기대할 수 있었다. 이 의미가 뉴욕의 상회에 귀속가능한 의미이다: 따라서 그것이 뉴욕의 상회가 표시한 의사표시와 관련하여 표준적인 의미이다. 정반대로 함부르크의 상회는 자신이 표현한 "Semilodei"라는 표시는 "보증이 붙지 않은" 매매 라는 뜻으로 (상대방에 의해) 이해되어지리라

---

3) R. G. Bd.68, S. 6ff.

4) R. G. Bd. 68, S. 128 und 86, S. 88.

고 기대할 수 있었다. 이에 따라 함부르크의 상회가 표시한 의사표시는 그러한 의미를 가지게 된다. 만약 함부르크의 상회가 대리인의 용태(Verhalten)에 대해 책임을 져야 했던 경우라면, 물론 그 사건은 달리 판단되어 질 것이다. 그 경우에는 대리인이 뉴욕의 상회에 전달했던 의미가 함부르크의 상회에 귀속가능하게 될 것이다. 따라서 라이히법원은 정당하게도, 대리인의 용태는 함부르크의 상회에 귀속될 수 없다는 전제에서부터 출발하였다. 이러한 입장으로부터 — 表示文言의 一致에도 불구하고 — 不合意의 確定이 요청되었다.[5)]

이제부터는 표시의미와 관련된 표의자의 책임을 그 의미의 귀속가능성에 의존시키며, 표의자가 자신의 상대방에게 있어서 이해가능한 의미로서 여길 수 있었고 또 그렇게 여겼어야 할 의미를 표준적인 의미로서 간주한다는 생각이, 법률상의 해석원칙들과 상응하는지의

---

5) Oertmann, R.O. u. V.S. S.91 Anm.1은, 이 사건에 대한 다른 하나의 해결방안을 제시하였다. 그는 당사자들 사이에서 "Semilodei"라는 단어의 표준적인 의미에 대한 先契約(Vorvertrag)이 체결되어 있었다고 생각하였다. 이러한 선계약의 체결과 관련하여 함부르크의 상회는 자신의 의사표시의 전달자로서 대리인을 사용하였다. 독일 민법 제 120조에 의한 취소권의 留保下에서, 잘못 전달된 표시는 전달된 의미대로 효력을 가져야 한다. 따라서 "Semilodei"라는 단어는 대리인에 의해 전달된 의미를 가지게 된다. — 이러한 견해는 대리인이 고의로 잘못 전달하지는 않았을 것을 전제로 하거나, 혹은 그 표시가 고의로 잘못 전달된 경우에도 120조의 적용이 가능하다는 것을 전제로 할 것이다. 後者(뒤의 전제)는 바로 Oertmann 자신에 의해 거부되어 있다.(Kommentar zu §120). 그러나 그 점을 도외시하더라도, "Semilodei"라는 단어의 의미와 관련하여 어떤 계약이 체결되었다는 것은 납득하기 어렵다. 왜냐하면 그러한 점에 관한 약정은 그것 자체 만에 의해서는 전혀 법적으로 의미 있는 것이 될 수 없으며, 그러한 약정에는 법률관계의 객체(Objekt)가 결여되어 있는 까닭에 그러한 약정은 그 자체 만에 의해서는 결코 당사자들 사이의 어떤 법률관계를 설정할 수 없기 때문이다. 의미란 법과 관련하여 중요한 것이기는 하지만, 그러나 그것은 어떤 권리의 객체(Rechtsobjekt)나 계약에 의한 규범화의 대상(Gegenstand vertraglicher Normierung)이 될 수는 없다. 따라서 Semilodei라는 단어의 의미에 관한 통지는 함부르크의 상회가 그 단어를 그러한 의미로서 이해할 것이라는 데 대한 단순한 통지로 간주되어야 하고, 결코 어떤 의사표시 즉 법적인 효력표시로 간주되어서는 안 되며, 그런 까닭에 독일 민법 제120조는 적용될 수 없다.

여부를 문제 삼아야 할 것이다. 표의자의 견해로부터 출발하는 주관적인 해석방법은, 제119조 내지 제122조에서 표현되어진, 객관적인 즉 법표준적인 의미와 관련된 책임과 조화를 이루지 못한다. 이에 따라 제133조는, 만약 그것이 도대체 어떤 의미를 가져야 하는 것이라면, 엄격히 축소(해석)되어야 한다. 따라서 그 조항은 표의자의 실제적인 견해가 해석의 기초가 되어야 한다는 의미를 가질 수 없다. 그러나 표의자의 실제적인 견해가 고려될 수는 없다고 하더라도, 표의자에 대해 요구된 견해, 즉 표의자가 자신의 의사표시에 부가할 수 있으며 또한 그렇게 하여야 할 견해는 고려될 수 있다. 또한 이러한 의미로써 제133조와 제157조는 서로 조화를 이루게 된다. 왜냐하면 표의자의 이해가능성(Verständnismöglichkeit)에 대한 고려는, 제157조에서 표현된 信義誠實의 原則과 전적으로 일치하기 때문이다. 오히려 文言의 추상적인 의미(abstrakter Wortsinn) — 제133조는 바로 이것을 명시적으로 배제하고 있다 — 만을 고려하거나, 표시상대방의 이해가능성 만을 고려하는 것이 신의성실의 원칙에 배치된다. 표의자의 문언(Worten)에 대해 상대방이 신뢰할 수 있어야 할 뿐 아니라, 표의자 역시 그 문언이 자신에 대한 관계에서 가질 수 있었던 의미와는 다른 의미가 그 문언에 부여되지 않으리라는 점에 대해 신뢰할 수 있어야 한다. 특히 표의자 자신이 알지 못했을 뿐 아니라 알 수도 없었던 어떤 去來觀念(Verkehrssitte)에 의해 표의자의 문언이 평가되어서는 안 된다는 점이 衡平(Billigkeit)의 원칙에 의해 요구된다. 따라서 만약 우리가 제157조 가운데서 개별적이며 규범적인 해석원칙이 표현되어 있음을 발견한다면, 제133조는 특히 표의자에 대한 고려, 즉 물론 표의자의 주관적인 견해는 아니지만 그러나 그에 대한 관계에서 객관적으로 가능하며 또한 요구되어지는 견해에 대한 고려를 요청한다. 이에 따라 제133조와 제157조는 각기 나름대로의 의미를 가지게 된다; 그러나 두 조항은, 제119조 이하에 내포되어 있는, 표시의미와 관련된 책임이라는 사고에 종속되며, 이 사고는 표시의미의 귀속가능성 가운데서 다시금 자기 자신의 기초를 발견한다.[6] 따라서 우리는 제133조를 다음과 같은 의미로 해석한다: "표의자가 이해가능한 것으로 여겨도 무방한 의미가 탐구되어야 한다"; 이러한 "귀속가능한" 의미가 제133조에 의해 배제되는 "표현의 文字的 의미"(der buchstäbliche Sinn des Ausdrucks)와 對句를 이루며, 귀속가능한 의미를 확정함에 있어서는 제157조에 따라 거래상의 신의성실의 원칙에 비추어 볼 때, 한편으로는 표현의 명료성과 관련하여 그리고 다른 한편으로는 표시의 이해가능성에 대한 배려와 관련하여, 무엇이 기대되며 또 요청되는지에 대한 고려가 이루어져야 한다. 그럴 경우 해석은 구체적인 사안에 있어서 어떤 표현의 의미가 의존하고 있는 모든 요인들(Momente), 예컨대 당사자들에게 있어서 표준적인 거래관

---

6) Müller-Erzbach, Gefährdungshaftung und Gefahrtragung, S.129f.는, 제122조에 따라 표의자의 過責(Verschulden)과는 무관하게 표의자에 대해 부과되는 손해배상의무 가운데서, 危險責任思考(Gedanke der Gefährdungshaftung)의 표현을 발견하였다. 표의자는 잘못된 표시를 발할 위험성을 지배하기(beherrschen) 때문에 손해에 대한 책임을 부담한다. 그러나 표의자는, 자신이 그 위험을 계산에 넣을 수 있는 한도 내에서만, 따라서 그 자신에 대한 관계에서 표시의 의미가 최소한 인식가능한 한도 내에서만, 이러한 위험을 지배한다. 또한 위험책임은 客觀的 歸屬이라는 目的論的 原則에 기초하고 있는 것이다.(Larenz, Hegels Zurechnungslehre und der Begriff der objektiven Zurechnung. S.100ff.). 잘못된 표시의 잠정적인(취소를 통해 無效化가 가능한) 효력과 취소한 경우의 손해배상책임은, 법표준적인 표시의미가 표의자의 이해가능성에 의해 조건지워지는 경우에만, 危險制御(Gefahrenbeherrschung)라는 思考로부터 정당화될 수 있으며, 또한 그럴 경우에만 제133조에 의해 요청되어지는 표의자에 대한 고려와 조화를 이룰 수 있다.

념이나 그들 사이에서 통용되고 있는 언어관용 혹은 그들 사이에서 이루어진 약정(Abrede)같은 것들에 주의하여야 하지만, 그러나 이러한 요인들은, 표의자가 그러한 요인들이 자신의 의사표시에 대한 이해가능성과 관련하여 중요한 것이 되리라는 것을 전제로 할 수 있는 경우에만, 고려되어야 한다.

우리는, 법에 의해 표준적인 것으로 여겨지게 되는 의미는 당사자들의 개별적인 이해가능성 — 표의자의 이해가능성, 그리고 때에 따라서는 표시상대방의 이해가능성 — 에 의해 그 때 그 때 마다 결정된다는 전제로부터 출발한다. 표의자는 상대방이 그 의사표시에 부가하여야 할 의미에 관해, 그 자신을 그것을 계산에 넣을 수 있는 한, 책임을 져야 한다. 이리하여 표시상대방은 자신에게 이해가능한 의미와 상이한 표의자의 주관적인 견해가 자신에 대한 관계에서 효력을 가지도록 할 필요가 없다. 따라서 표시상대방에 의해 이해되어질 의미와 관련된 표시상대방의 선의는, 그 의미가 표의자에게 귀속가능한 한, 보호되어 진다. 그러나 만약 표시상대방이 표의자에 의해 의도된 의미를 이해한 경우에는, 비록 그 표시상대방이 자신은 자신에 의해 이해된 의미를 이해할 필요가 없었다는 점을 근거로 끌어 댈 수 있다하더라도, 그러한 것은 信義誠實의 원칙에 어긋난다. 왜냐하면 표시상대방에게 객관적으로 이해가능한 의미에 대한 표시상대방의 善意는, 표시상대방이 그 표시는 (표의자에 의해) 달리 의도되었다는 점을 인식하면 곧 그 근거를 상실하게 되며, 만약 표시상대방이 표의자에 의해 의도된 의미로 그 표시를 즉시 이해한 경우에는 — 표현의 잘못되었음이 인식되지 않았다 할지라도 — 그러한 善意는 애당초 존재하지 않기 때문이다. 따라서 표시상대방은, 만약 그가 어떤 의사표시를 그것이 (표의자에 의해) 의도된 것과 똑 같은 의미로 파악한 경우에는, 그 의도된 의미가 효력을 가지게끔 하여야 한다. 양 당사자가 일치하여 같은 것을 생각한 경우에는, 당사자들의 이해가능성 대신에 그들의 실제적인 견해가 법표준적인 표시의미를 결정한다. 그것이, 또한 통설에 의해서도 그렇게 이해되어지고 있는 바와 같은[7] "falsa demonstratio non nocet"라는 원칙의 내용이다. 구체적으로는 여기서 다시 몇 개의 유형이 구별될 수 있다. 우선 표의자가 자신의 생각을 잘못 표현하였지만, 상대방이 그 착오를 간파하고 있는 경우가 있을 수 있다. 예컨대 어떤 사람이 자신의 중개에 의해 앞으로 건축될 땅의 "평방 루테"(Quadratrute: 면적의 단위) 당 일정한 수수료를 요구하지만, 실제로 그가 생각하는 것은 "평방 피트" 이며,[8] 상대방 역시 표의자에 의해 의도된 것을 인식하고 동의한 경우이다. 이 사건에서 라이히 법원은 평방 피트에 관한 계약이 체결된 것으로 간주하였다. 이와 다른 경우로는 양 당사자 모두 동일한 착오에 빠진 경우가 있을 수 있다. 예컨대, 당사자들이 노르웨이語인 "Haakjöringskod"라는 단어를 사용하면서 양 당사자 모두 고래고기를 생각하고 있지만, 그 단어가 의미하는 바는 상어고기인 경우[9]이다. 혹은 당사자들이 "Pollux"라는 말(馬)의 매매계약을 체결하였지만, 양 당사자 모두 "Kastor"라는 말(馬)을 생각한 경우이다. 이런 경우에는 매매계

---

7) Vgl. oben S.15 Anm.1 u. Hölder, Zur Lehre von der Auslegung S.14.

8) R.G. Bd.66, S.427.

9) R.G. Bd.99, S.147.

약의 부수적인 상황으로부터 즉시, 양당사자와 관련하여 어떤 말(馬)이 생각되었는지가 명백할 수 있다. 그럴 경우에는, 의도된, 그리고 명백한 의미가 법표준적인 의미이다. 그러나 이러한 의미가 객관적으로 인식가능하게 드러나지 않는 경우도 있을 수 있다. 그렇지만 이러한 경우에도 양 당사자가 생각한 의미가 법표준적인 것으로서, 따라서 우리들의 例에 있어서는 "Kastor"라는 말(馬)이 매매된 것으로 간주되어야 한다. Oertmann은 이 경우 客觀的인 意味가 효력을 가지며 양 당사자는 취소권을 유보한다고 한다.[10] 따라서 그럴 경우에는, 예컨대 매도인은 그가 생각한 것은 "Kastor"인 까닭에, "Pollux"를 의미하는 자신의 의사표시를 취소할 수 있다. 그러나 매수인에게 있어서는 그 역시 "Kastor"를 생각했다는 것은 아무런 도움이 되지 않는다; 계약은 무효가 되며, 그는 Kastor도 Pollux도 가지지 못하게 될 것이다. 물론 매도인은 매수인에 대하여 매수인의 이익에 대한 배상을 하여야 하겠지만, 그러나 그것은 "Pollux"에 관련된 것일 뿐 "Kastor"에 관련된 것은 아니다. 반대로 매수인 역시 취소를 할 수 있지만, 그럴 경우 이번에는 매수인 측에서 매도인의 이익에 대한 배상을 하여야 한다. 따라서 누가 손해배상책임을 져야 하느냐는, 누가 먼저 취소하였는가 라는 우연한 사정에 의존하게 된다. 이러한 事案에 있어서는, 표시상대방에게 객관적으로 이해가능한 의미와 관련하여 표의자가 표시상대방에 대해 책임을 져야 한다는 것은 더 이상 그 근거를 가지지 못하기 때문에, 그 의사표시는 양 당사자에 의해 생각된 의미대로 효력을 가지도록 하는 것이 보다 정당하다고 여겨진다. 이리하여

10) Arch. Ziv. Pr. Bd.117, S.304.

우리는 다음과 같은 명제에 도달한다:

특정의 상대방에게 향해진 의사표시에 있어서는, 양당사자가 일치하여 생각한 의미가 그들에 의해 객관적으로 이해되어질, 그리고 표의자에게 귀속가능한 의미에 우선한다.[11)]

그러나 그렇다고 해서 다시금 표시가 "의사"에 복종하는 것은 아니다. 항상 표시만이 효력을 가지며, 표시를 통해 표현된, 내심에 머무르고 있는 "의사"가 효력을 가지는 것은 아니다. 표시는 그 표시가 당사자들과 관련하여 가지는 의미로 통용된다. 만약 당사자들이 그 표시에 동일한 의미를 부가한 경우에는, 그 의미가 표준적인 의미이

11) 민법 제122조 2항이 이러한 견해와 조화를 이루는 것인지의 여부가 문제된다. 제122조 2항에 의하면, 취소를 정당화시키는 착오에 대해 상대방이 그것을 인식하였거나 혹은 인식하여야 했던 경우에는, 손해배상책임이 성립하지 않는다. 그 점에 있어서는 이 조항은, 만약 상대방이 "善意"가 아닌 경우에는 표의자는 객관적으로 이해가능한 표시의미에 대해 책임을 지지 않는다는, 여기서 주장되고 있는 基本思想에 相應한다. 그러나 이 조항은 이러한 事案들에 있어서 항상 취소의 필요성을 전제로 하고 있다. 만약 정반대로, 그 의사표시는 상대방에 의해 인식된, (표의자에 의해) 의도되었던 바대로 효력을 가진다고 한다면, 더 이상 취소의 여지가 없게 된다. 그럼에도 불구하고 통설은 다양한 방법으로 제122조 2항에 어떤 의미를 부여하고자 노력해 왔다. 제122조 2항은 오직 다음과 같은 事案들, 즉 표시상대방이 객관적으로 이해가능한 의미가 (표의자에 의해) 의도된 것은 아니라는 점을 인식하기는 하였지만, 어떤 의미가 의도되었는지는 인식하지 않은 경우들과 관련을 맺고 있을 뿐이라는 견해는, 잘못된 것이다. 만약 상대방이 의도된 의미를 인식할 수 없었다면 그 의사표시는 특정되지 않은 것인 까닭에, 이런 경우에는 취소가 필요한 것이 아니라 오히려 그 의사표시는 무효인 것이다.(Vgl. dazu Oertmann, R.O. u. V.S. S.104f.). 그러나 Danz의 다음과 같은 견해(in Jherings J. Bd.46, S.426), 즉 상대방이 追後에야 비로소 착오를 간파한 경우들과 관련하여 제122조 2항이 고려된다는 견해에는 찬동할 수 있다. 그러한 시점 이후 상대방에게 발생한 손해를 이유로 상대방이 배상을 청구할 수는 없어야 할 것이다. 그러나 제122조 2항은, 제119조에 의해 고려되는 動機의 錯誤(Motivirrtum) 즉 本質的인 性狀에 관한 錯誤(Irrtum über wesentliche Eigenschaften)의 케이스들과 관련하여, 특히 그 충분한 의미를 가지고 있다. 이러한 경우에는 의도된 의미와 표시의미 사이의 相違가 문제되는 것이 아니며, 첫 번째의 의미(의도된 의미)로 표시가 해석된다고 해서 흠이 제거될 수 있는 것도 아니다. 상대방의 동기의 착오(Irrtümlichkeit des Bewegungsgrunds)에 대해 간파하였다할 지라도, 여기서는 오히려 취소가 필요하다. Vgl. auch v.Thur S.599.

다; 그 밖의 경우에는, 표의자가 상대방의 이해가능성을 고려하여 그 표시에 부가하여야 하는 의미, 즉 표의자에게 귀속가능한 의미가 표준적인 의미이다.

지금까지 우리는 어떤 특정의 상대방에게 향해진 의사표시만을 고찰의 대상으로 삼아왔다. 그러나 그렇지 않은 의사표시, 예컨대 遺言 역시 동일한 방법으로 해석되어 야 한다. (그런 경우에는) 일반적으로 그 의사표시를 인식하도록 결정되어 있는 사람이 의사표시의 상대방을 대신한다. 유언의 해석에 있어서도 유언자의 주관적인 견해가 표준적인 것이 아니라, 그 표현이 의도된 대로 이해되리라는 데 대한 정당한 기대만이 표준적인 것이 될 수 있다.[12] 따라서 예컨대 유언자가 자신의 포도주 창고 (Weinkeller)를 자신의 "도서관"(Bibliothek)이라고 표현하는 습관을 가지고 있었으며 그러한 습관이 그 주위 사람들(Umgebung)에게 알려져 있었던 경우에는, 자신의 유언 가운데의 "도서관"이란 포도주 창고로 이해되어 지리라는 데 대한 그의 기대는 정당화된다. 따라서 그 유언은 유언자의 좁은 인적 범위와 관련해서 의문의 여지없이 이해가능한 바대로 해석되어야 한다. 그 경우 유언자의 특별한 언어관용은, 그것이 유언자의 주위사람들에게 알려져 있고 따라서 그 관용이 이해되어 지리라는 점을 유언자가 계

12) Titze, S.95, Danz, S.229, Oertmann, R.O. u. V.S., S.135, 및 Kipp, Erbrecht, S.60ff.는 유언의 해석과 관련하여 주관적인 해석방법을 요구한다. 그러나 Manigk, Willenserklärung und Willensgeschäft, S.460ff., Hölder, Festschrift für Degenkolb, S.115, Frz. Leonhard, Arch. Ziv. Pr., Bd.120, S.86, Binder, Erbrecht, S.10f.는 반대견해임. Fr. Schulz, Der Irrtum in Beweggrund bei der testmentarischen Verfügung(Gedächtnisschrift für Sekel), S.85 역시, "현행법의 해석상(de lege lata), 誤言(Versprechen)이나 誤記(Verschreiben)를 통해 성립된 모든 표시가 전적으로 유언자의 의사에 따라 수정된다는 것은 불가능하다"고 생각하고 있다.

산에 넣을 수 있는 한도 내에서만, 고려될 수 있다. 그러나 유언자가 사람 혹은 대상을 혼동하거나 어떤 잘못된 표현을 사용하였는데 그러한 잘못된 표현이 유언 자체의 맥락(Zusammenhang)으로부터 바로잡혀질 수 없는 경우에는, 즉 예컨대 유언자가 1 Taler 는 1 Mark와 같은 것이라고 誤信하고 "Taler" 라고 쓴 경우에는, 그 유언은 착오를 이유로 취소될 수 있을 뿐이다(독일 민법 제2978조).

어떤 표시가 (표의자에 의해) 의도된 바대로 표시상대방에 의해 이해되지 않을 뿐더러 한가지의 특정한 의미로 이해될 수도 없는 경우에는, 거기에는 법적으로 표준적인 의미가 결여되어 있다. 그러한 종류의 표시는 不確定性 때문에 무효일 수밖에 없다. 오직 제2084조만이 이에 대한 예외를 만들어 낸다: 두 가지 의미로 해석될 수 있는 遺言은 그것이 효과를 가질 수 있는(Erfolg haben kann) 의미로 해석되어야 한다. 그 밖의 경우에는 법관은 어떤 표현의 의미에 관해 당사자들이 의견의 일치를 보고 있는(einig sind) 지의 여부를 우선 문제삼아야 한다. 그렇지 않은 경우에만 법관의 해석활동이 시작된다. 여기서는 표의자가 무엇을 생각하였으며 또 그것을 표현하였는지의 여부가 문제되는 것이 아니라, 표시가 — 상대방에 의해서든 표의자의 생활권 가운데에서든 — 어떻게 이해되어져야 하는가, 그리고 그에 따라 이해되어질 의미가 표의자에게 있어서도 인식가능한 것인가, 즉 그 의미가 표의자에게 귀속될 수 있는 것인가의 여부가 문제된다. 만약 그렇지 않은 경우에는(그 의미가 표의자에게 귀속불가능한 경우에는), 표의자가 자신의 문언에 부가해도 무방한 다른 의미가 어떠한 의미인지를 법관은 조사해야 한다. 어떤 한 가지로 해석되는 의미가 존재하지 않는 것으로 밝혀진 경우에는 그 표시는 무효이며, 그 밖의 경우에는 표시는 표의자에게 귀속가능한 의미로 효력을 가진다.

*　　　　*

*

그러나 해석은 어떤 의사표시에 어떠한 의미가 귀속되는 지를 탐구하여야 할 뿐 아니라, 어떤 용태(Verhalen)가 도대체 법률행위적인 의사표시로서 여겨질 수 있는 지, 그것이 그러한 의미(Sinn)를 가지는지, 따라서 그것이 어떤 效力意味(einen Geltungssinn)를 표현하는 것인 지의 여부도 탐구하여야 한다.[13] 우리는 효력의미의 귀속(Zurechnung des Geltungssinnes)과 용태 그 자체의 귀속(Zurechnung des Verhaltens als solchen)을 구별한다. 오직 後者 만이 의욕되어 질 수 있다; 그러나 효력의미의 귀속가능성, 즉 어떤 용태의 의사표시로서의 의미의 귀속가능성(Zurechenbarkeit des Sinnes eines Verhaltens als Willenserklärung)과 관련해서는, 표시의미(Erklärungsbedeutung)의 귀속의 경우와 동일한 관점이 적용된다. 표시의미의 귀속의 경우와 마찬가지로 효력의미의 귀속의 경우에도, 그 자체로서 어떤 인간의 의사에 기인한, 어떤 특정한 용태의 의미파악(Deutung)이 문제된다; 파악되는 의미와 관련하여(für den zu deutenden Sinn) 표의자가 책임을 지게 된다; 따라서 표의자의 표시의 내용적 의미와 마찬가지로, 그 표시의 효력표시로서의 의미 또한 그에게 귀속될 수 있어야 하며, 표의자에게 귀속가능한 이러한 의미를 상대방이 신뢰할 수 있어

13) Vgl. Hölder, a.a.O. S.115, Binder, Arch. R.Philos., Bd.VI, S.99.

야 한다. 따라서 어떤 — 그 자체 의욕된 — 용태는, 표의자가 자신의 상대방이 그 용태를 이러한 의미로 이해하리라고 기대할 수 있으며 또한 그렇게 하여야 하는 경우, 혹은 표의자가 그 용태를 이러한 의미로 생각하였고 그 상대방이 그렇게 이해한 경우, 법률행위적인 의사표시로 여겨진다. 이리하여 램프를 (窓가에) 올려놓았다는 Manigk의 例에서는, 비록 A가 그 용태를 전혀 의식하지 않았다 할지라도, 그는 B가 그것을 그렇게 이해하리라고 생각할 수 있었으며 또 그렇게 생각했어야 하기 때문에, A는 (자신에 대한 관계에서) 그 용태가 의사표시로서 효력을 가지도록 하여야 한다. 따라서 여기서도, 주관적인 해석과 마찬가지로 형식적-객관적인 해석도, 따라서 표시 그 자체가 의욕되어야 한다는 이론과 마찬가지로 상대방 혹은 어떤 합리적인 第3者에게 이해가능한 객관적 의미만이 중요하다는 이론도, 모두 거부되어야 한다.[14] 상대방의 이해가능성 만이 표시의 효력의미(Geltungssinn)를 결정할 수 없는 것과 마찬가지로 표의자의 주관적인 견해가 그것을 결정할 수는 없고, 오히려 표의자의 이해가능성이 기준이 되며, 表意者는 자신에게 있어서 그 용태가 — 비록 실제로 가지지

14) 주관설이 우세하다; vgl. Henle, S.129ff., v.Tuhr, S.402ff., Enneccerus, S.352f. Oertmann, Kommrntar, S.331ff. 대다수의 학자는, 표의자가 자신의 용태를 의사표시로서 의욕하였을 것, 그리고 그 의사표시는 의사주의적으로 이해되는 까닭에 그것을 자신의 의사의 통지로서 의욕하였을 것 — "通知目的"(Kundgebungszweck)(Manigk)을 요구한다; 다른 학자들 — 예컨대 Enneccerus, Oertmann은, 자신의 용태가 의사표시로서 이해되어지는 데 대한 표의자의 意識으로, [의사주의적으로 이해될 경우, 그 용태로부터 효과의사(Geschäftswille)가 이끌어 내어 질 수 있는 것(Enneccerus)으로] 만족한다. 그러나 Manigk in "Irrtum und Auslegung"(S.242ff.)는, 어떤 용태가 의사표시로 여겨질 수 있느냐의 여부의 문제와 그 의사표시가 어떠한 의미로 효력을 가져야 하느냐의 문제를 대등한 것으로 취급하였으며(gleichstellen), 그는 양 문제와 관련하여 의사원칙(Willensprinzip) 이외에 책임원칙(Verantwortlichkeitsprinzip)을 설정하였던 까닭에, 그렇게 함으로써 주관설을 포기하였다.

는 않았지만 — 가질 수 있으며 또한 가져야 하는 의미로 (자신에 대한 관계에서) 그 용태가 효력을 가지도록 하여야 한다. 따라서 해석은 어떤 특정의 용태가 법률행위적인 의사표시로 여겨질 수 있느냐의 여부의 문제에 대하여, 어떠한 내용적 의미가 그 의사표시에 귀속되느냐의 문제에 대해서와 꼭 같은 방법으로, 즉 어떤 규범적이며 개별적인 의미파악의 방법으로(auf dem Wege einer normativen und individuellen Sinndeutung) 대답하여야 한다.

표의자가 자신의 표시의 법표준적인 의미에 관해 착오를 일으킬 수 있는 것과 마찬가지로, 그는 자신의 용태의 표시로서의 의미(den Sinn seines Verhaltens als Erklärung) 즉 效力意味(den Geltungssinn)에 관해서도 착오를 일으킬 수 있다. 독일민법전은 착오의 이러한 케이스를 특별하게 규율하지는 않았다. 이러한 케이스는 다음과 같은 점에서 표시내용에 관한 착오와 일치하기 때문에, 즉 두 경우 모두 표의자는 그가 자신의 용태에 부가하였어야 하는 의미(Bedeutung)와는 다른 의미를 자신의 용태에 부가하고 있다는 점에서 일치하기 때문에, 두 경우는 동일한 방법으로 취급될 수 있다. 따라서 제119조는 표시의 효력의미에 관한 착오의 케이스에도 적용될 수 있다. 자신의 표시의 내용에 관해 착오에 빠진 者 또는 이러한 내용의 표시를 하기를 원하지 않은 者는, 다른 내용의 표시를 하기를 원했거나 도대체 아무런 표시도 하기를 원하지 않은 것이다. 따라서 그것을 의식함이 없이 그에게 귀속가능한 방법으로 효력표시로서의 의미를 갖는 어떤 용태를 행하는(ein Verhalten beobachtet) 者는, 그 용태가 그러한 의사표시로서 자신에 대한 관계에서 효력을 가지도록 하여야 하지만, 그러나 그 者는 제119조에 따라 착오를 이유로 취소할 수 있으며, 취소한 경우 그는 상대방에 대해 소극적 이익의 배상을 하여야 한다.

어떤 용태의 의사표시로서의 의미에 관한 착오의 취급은, 문헌들 가운데서 심하게 다투어 지고 있다. 표의자가 표시의미(Erklärungs-sinn)를 의식하고 있는 경우에만 어떤 용태를 의사표시로 간주하는 이론에 있어서는, 표시의미에 관한 착오의 경우에는 도대체 아무런 의사표시도 존재하지 않는 것이 된다.[15] 따라서 표의자의 의식과 그 者의 용태가 어떤 법적인 의사표시로서 법적으로 승인된 의미(rechtlich anerkannten Sinn seines Verhaltens als einer juristischen Willenserklärung) 사이에는, 아무런 相違의 가능성도 존재하지 않는다. 객관설은 그와 반대로, 표시의미에 관한 착오를 일반적으로 제119조에 따라 취급한다. 이리하여 Titze[16]는 어떤 사람이 도대체 어떤 법률행위를 의도하지 않았지만, 그것을 통해 그가 어떤 의사표시의 구성요건사실을 설정하게 되는 용태를 실수로 행한 경우에도, 행위착오(Geschäftsirrtum)의 개념이 충족된다고 생각하였다. 반대로 Henle는 제118조도 표시의미에 관한 착오의 한 케이스를 포함하고 있다는 이유에서, 제118조의 케이스를 유추하여 표시의미에 관한 착오의 케이스를 취급하고자 하였다.[17] 따라서 (Henle의 입장을 따르면) 표시는 무효지만 제122조에 따라 손해배상의무를 지게 된다. 그

15) So Enneccerus S.423. Vgl. auch Manigk, Willenserklärung und Willensgeschäft, S.184.

16) Artikel "Irrtum" im Handwörterbuch der Rechtswissenschaft, Bd.III, S.370.

17) a.a.O. S.495ff. Vgl. auch Oertmann, Kommentar, S.332. v. Tuhr S.568, Note 75 는 Henle에 반대함.

러나 제118조와 제119조의 관계는 이례적으로 불분명하며, 여기서 제118조의 유추적용이 근거가 있는 것인가 아니면 반대의 것으로부터의 추론(argumentum e contrario)이 보다 나은 근거를 가지는 것이 아닌지를 밝혀야 할, 보다 상세한 고찰을 해볼 만한 가치가 있을 것이다.

제118조는 어떤 의사표시가 진지하지(ernstlich) 않게 의도되었고 그 진지함의 결여가 오해되지 않으리라는 기대 하에서 이루어진 경우에는, 그 의사표시를 무효로 만든다. 진지함의 결여가 오해되지 않으리라는 기대는, 정당화될 수도 있고 그렇지 않을 수도 있다. 이러한 사안 가운데 어떤 경우에 제118조가 적용될 수 있느냐가 문제된다. 기대가 정당화된다면, 그것은 진지함의 결여가 상황에 비추어 볼 때 상대방에게 인식가능하다(ersichtlich)는 것, 즉 상대방이 진지함의 결여를 인식하게 되리라는 것을 표의자가 고려에 넣을 수 있다는 것을 의미한다. 그러나 우리들의 견해에 의하면 그러한 케이스에는 어떤 귀속가능한 의사표시가 존재하지 않는 것이 된다. 그러한 것(귀속가능한 의사표시)은, 표의자가 자신의 상대방이 자신의 용태를 의사표시로 파악하게되리라고 기대할 수 있어야 한다는 것을 전제로 한다. 그러나 어떤 귀속가능한 의사표시가 결여된 경우에는, 표의자의 어떤 책임도 근거지워지지 않으며 또한 그렇게 됨으로써 소극적 이익에 관한 어떤 책임도 근거지워지지 않게 된다. 따라서 제118조를 이 경우에 적용하고 또 그렇게 함으로써 제122조의 손해배상의무를 이 경우에 적용되게 하는 것은, 법률의 의미 즉 법률의 목적론적 관련성에 상응하지 않는 것이 된다.[18] 물론 이 경우 後者(손해배상의무)는

제122조 2항에 따라 항상 排除된다. 왜냐하면 상대방이 진지함의 결여를 인식하여야만 하는 사안이기 때문에. 따라서 법률이 제122조 1항에서 제118조를 들고 있는 것은, 바로 다음과 같은 사안들을 목표로 삼고 있는 것이라고 하여야 한다. 즉 처음부터 통틀어서 제122조 2항에 해당되지 않는 사안, 따라서 진지함의 결여가 오해되지 않으리라는 기대가 정당화되지 않는 사안들을 목표로 삼고 있는 것이다. 이러한 사안들에 있어서는 어떤 귀속가능한 의사표시가 존재한다. 왜냐하면 여기서는 표의자가 상대방이 자신의 용태를 진지한 의사표시로 파악하게 되리라고 기대하여야만 하는 까닭에. 따라서 법률은 이러한 사안들에 있어서 표의자로 하여금 책임을 지게 만들고(verantwortlich machen) 소극적 이익에 관한 책임을 부과하지만, 그러나 법률은 내용에 관한 착오에 있어서처럼 그 者의 의사표시를 단순히 취소가능한 것으로 취급하지 않고 처음부터 무효인 것으로 취급하는 것이다.

따라서 제118조는 그 자체 귀속가능한 의사표시를 전제로 하며, 이에 따라 진지함의 결여가 오해되지 않으리라는 기대가 정당화되지 않는 경우에만 적용될 수 있다. 물론 여기서 어떤 단순한 주관적인 기대가 표시의 무효라는 효과를 낳는다는 점은, 여타의 경우에는 객관적이며 귀속가능한 표시의미(Erklärungsbedeutung)가 법에 의해 승인받은 — 최소한 잠정적인 — 유효성(Geltung)을 가지는 것과 비교

18) Henle S.440 또한, 의사표시의 불진지함이 객관적으로 인식가능한 경우에 그 의사표시와 관련된 손해배상의무를 인정하는 것은 불합리하다(widersinnig)고 보고, 따라서 제118조는 이러한 경우에는 적용불가능하다고 보고 있다. Oertmann, Kommentar, S. 386, v. Tuhr S.566, Manigk, Willenserklärung und Willensgeschäft, S.473도 마찬가지임.

해보면, 확실히 주목할 만한 모순관계에 있다(in einem auffälligen Widerspruch stehen). 이에 따라 제118조는 진지함의 결여가 상대방에게 인식불가능한 경우에는 적용불가능한 것으로 생각되어져 왔다. Binder[19], Danz[20], Isay[21], Jakobi[22] 그리고 Rudolf Leonhard[23]가 그러한데, 그들은 결국 제118조로부터 그 적용가능성을 박탈해 버리고 있다. 반대로 다수설은 무효를 초래하기 위해서는, 단순히 주관적이고 객관적으로는 두드러지지 않는, 정당화되지 않는 기대로써 충분하다고 한다. 이러한 견해의 대표자로서 다음과 같은 사람이 인용된다: Cosack[24], Enneccerus[25], Henle[26], Hölder[27], Manigk[28], Oertmann[29], Riezler[30], v.Tuhr[31]. 우리들은 이러한 견해를 따르지 않으면 안 된다. 왜냐하면, 그렇지 않을 경우 제118조는 모든 의미를 상실하게 되고, 거기에는 어떠한 충분한 근거도 존재하지 않는다. 제118조는 여타의 규율들과의 相違를 보여주며[32], 그 상위와 관련하여 어떤 유효한 법

19) Arch. R.Philos. Bd.VI, S.458.

20) S.17.

21) Willenserklärung S.16f.

22) Theorie der Willenserklärung S.54ff.

23) a.a.O., Bd.I, S.145.

24) Cosack-Mitteis, Lehrb. d. bgl. Rechts, 8.Aufl., S.250.

25) S.418, Anm.2.

26) S.484ff.

27) Zur Lehre von der Auslegung S.9, vgl. Iherings J. Bd.58, S.128.

28) S.232 und 244.

29) Kommentar S.386f.

30) Staudinger-Riezler, Kommentar z. Bgl.Gesetzbuch Bd.I, Anm.35 zu §118.

31) S.566f.

정책적인 근거를 발견하기 힘든 까닭에, 제118조의 사안들에 있어서도 표의자에 대해 제122조의 손해배상의무가 부과되는 한도 내에서만 제118조는 법률의 기본사고와 조화를 이루게 된다. 그러나 표시의미에 대한 주관적 파악과 표시의미에 대한 객관적으로 정당화된 파악 사이의 相違(die Divergenz zwischen der subjektiven und der objektiv gerechtfertigten Auffassung des Erklärungssinnes)가 의사표시의 효과를 취소가능한 것으로 만들어야 하는가 아니면 무효로 만들어야 하는가라는 문제는, 귀속가능한 표시의미와 관련된 책임이라는 기본원칙과 비교해 보면, 보다 기술적인 성격을 가진 문제이다. 어쨌든 제118조는 일반적인 규율에 대한 예외를 보여주며, 제118조의 이러한 예외적 성격 때문에, 표시의미에 관한 착오의 모든 사안에 있어서 제118조의 유추적용이 금지된다. 이러한 사안들은 오히려 제119조에 따라 처리되어야 하며, 제119조에 대한 관계에서 제118조는 특별규정(lex specialis)으로 여겨진다.

따라서 민법전은 전적으로 유효한(vollgültig) 의사표시와 취소가능한(anfechtbar) 의사표시 및 무효인(nichtig) 의사표시를 구별한다. 後者들(취소가능한 의사표시와 무효인 의사표시) 역시, 그 의미내용(sinngehalt)에 따라 판단할 때 의사표시이고, 법적인 효력(rechtliches Gelten)을 지향하고 있으며, 또한 그 야기자에게 효력표시로서 귀속가능하다; 그러나 그것들(그러한 의사표시들)이 효력에 대해 가지는 요구(Geltungsanspruch)는 근거가 없음이 명백하다. 따라서 무효인

32) Henle S.491f.에 의해 시도된 心理學的인 熟考(psychologischen Erwägung)는 거의 납득하기 힘들다.

의사표시는 단순한 외관상의 의사표시(bloß scheinbare Willenserklärung), 즉 도대체 의사표시로 파악될 수 없는 용태와 — 비록 그 용태가 의사표시로서 의도되었고 또 상대방이 그것을 의사표시로 이해했다 할지라도 — 엄격히 구별되어야 한다. 물론 법률은 그러한 외관상의 의사표시도 무효인 의사표시라고 표현한다.[33] 그러나 단순한 외관상의 의사표시에 대해서는 표의자의 어떠한 손해배상의무, 어떠한 책임도 연결되지 않는다. 이리하여 가장된(simulierte) 의사표시(通情虛僞表示)는 의사표시가 아니라 단지 의사표시인 것처럼 보여지는 어떤 용태이다. 왜냐하면 가장된 의사표시에 있어서는 외관상의 의사표시가 의사표시로 여겨져서는 안 된다는 점에 대해 표의자와 상대방이 합의하고 있기 때문이다. 따라서 가장된 의사표시는 당사자와 관련하여 효력표시로서의 의미를 갖지 않는다. 제117조는 어떤 의사표시의 의미(Sinn)와 관련해서는 당사자들의 이해(Verständnis)가 일차적으로 결정적이라는 전제로부터의 추론, 바로 그것을 의미한다; "falsa demonstratio non nocet" 라는 명제의 일종의 反轉. 어떤 의사표시의 법표준적인 의미에 대해서와 마찬가지로 그 표시의 의사표시로서의 의미(Sinn)에 대해서도, 당사자들의 이해 또는 표의자의 이해가능성이 그것을 결정한다. 당사자들과 관련하여 의사표시로서의 의미를 갖지 않는 어떤 용태는, 법에 의해서도 의사표시로서 여겨지지 않는다.[34]

반면 心裡留保(Mentalreservation: 비진의표시)는 의사표시의 존

33) Vgl. Enneccerus, S.353, Anm.12: 피하기 힘든 언어관용은 단순한 외관상의 의사표시도 때때로 의사표시라고 표현한다. 예컨대 제105조 2항: "무의식 상태에서 행해진 의사표시"를 참고하라.

재(Vorliegen)에 아무런 영향을 미치지 않는다. 의사표시를 효력표시로 정의하는 데서부터 이미 이 점은 분명해진다. 우리는 의사표시 가운데서 그 자체로서는 현실화되지 않는(sich nicht realisierenden) 효과의사는 중요하지 않은 것으로 인정했던 까닭에, 표시된 것을 의욕하지 않는다는 心裡留保(der geheime Vorbehalt)는 그 표시의 의미(Sinn)와 관련해서는 사소한 것이다. 이것(심리유보를 통한 의사표시)은 사실과 다르게(unwahr) 성립한 것도 아니며, 또한 흠을 가지고(fehlerhaft) 성립한 것도 아니다. 왜냐하면, 표의자는 그가 표시한 바를 인식하고 있기 때문에. 표의자에게는 표시의사(Erklärungswille)가 결여되어 있는 것이 아니라, 자신의 의사표시가 실제로 자신에 대한 관계에서 효력을 가지도록 만든다는 의사만이 결여되어 있다. 그러나 이러한 "의사"는 중요하지 않다. 왜냐하면 이미 우리가 살펴본 바와 같이 의사표시로서 귀속가능한 효력표시의 유효(Geltung) 또는 무효(Nichtgeltung)는 법률 가운데서 이루어지는 효력부여에 전적으로 의존하고 있으며, 표의자가 그것을 의욕하는 것도 의욕하지 않는 것도 불가능하다. 心裡留保는 표시의 효력에 대한 표명되지 않은 異議, 즉 표시의 효력의미(Geltungssinn)에 대한 내면적인 철회로 성격규정되어 질 수 있다. 표의자는 다음과 같이 생각한다(sagt): "그것이 그렇게 효력을 가져야 하며" 그리고 또한 그러한 사실을 말하고자 한다. 그러면서 동시에 그것이 그렇게 효력을 가져서는 안 된다고 내면적으로 생각한다. 자신의 擧動에 反하는 그러한 내면적인 이의는, 법

34) Henle, S.473f 역시, 가장된 의사표시를 무효인 의사표시로 인정하지 않고, 애당초 의사표시로 여겨질 수 없는 어떤 용태로 인정하고 있다.

적인 고려의 가치가 없다. 그것(그러한 이의)을 원용하는 것은 "자신의 거동에 反하게 행동하는 것"(Venire contra factum proprium), 자신의 의식되고 의욕된 거동에 대한 부인을 의미하며, 이는 책임원칙, 그리고 그렇게 됨으로써 법의 윤리적 기초와 분명한 모순관계에 서 있는 것이다. 따라서 입법자가 의사 도그마에 속박되어 있었다는 사실로부터, (상대방에 의해) 간파된 心裡留保(die durchschaute Mentalreservation)는 제116조 2문에 따라 그 의사표시를 무효로 만든다는 것이 심리학적으로는 이해가 되기는 하지만, 그러나 이는 법정책적으로는, 그리고 教義學的(dogmatisch)으로는 거부되어야 한다. 제116조 2문은 책임(Verantwortlichkeit)에 대한 근본사상, 법률의 정신 및 법이념과 조화를 이루지 못한다. 따라서 그 규정을 원용하는 것이 信義誠實에 反하는[35] 그러한 규정에 대해서는, 법관이 그 효력을 부인하여야 하지 않느냐라는 문제가 검토되어야만 한다. 이러한 문제는 오직 극단적인 법실증주의자들에게 있어서만 논의불가능(undiskutabel)한 것이 될 수 있다. 그러나 이 문제에 대한 해답은 효력문제에 대한 상세한 論究를 전제로 하며, 이는 이 논문의 범위를 벗어나는 것인 까닭에, 여기서는 단순히 언급될 수밖에 없다.[36] 어쨌든 제116조 2문에 의해 무효인 의사표시 역시 그 의미(Sinn)에 따라 판

---

35) Hölder, Kommentar Bd.I, S.254 역시, 제116조 2문은 신의성실에 대한 여타의 고려와 모순됨을 강조한다. Manigk, S.286과 Oertmann, Kommentar S.375 역시, 心裡留保의 근저에 놓여 있는 사기적 의도(Täuschungsabsicht)를 지적한다.

36) 이에 대해서는 "법효력의 문제"에 관한 나의 논문을 참조하기 바란다; 그 논문에서 나는 제116조 2문의 효력을 부인하고자 하였다. 왜냐하면 그것은, 신의성실의 원칙에 따라 적용되어 질, 표의자의 자신의 용태에 관한 책임이라는 기본원칙에 입각하고 있는 실정법질서의 기본사상 및 법률의 여타규정과 모순되기 때문이다. 그리고 또한 그렇게 됨으로써 그것은 법이념과도 모순되며, 오직 오해에 의해 성립한 것에 불과하기 때문이다.

단할 때 하나의 효력표시이며, 그런 까닭에, 의사표시의 실정법적인 개념이 그(제116조 2문에 의해 의사표시가 무효로 되는 것) 때문에 영향을 받지는 않는다. 따라서 표의자가 상대방이 자신의 용태를 의사표시로 이해하리라고 기대할 수 있으며 또한 그렇게 하여야 하는 그러한 용태만이 — 그 무효나 취소가능성 혹은 완전한 유효와는 관계없이 — 의사표시로 간주될 수 있는 것이다.

여기서 주장되는 견해는, 어떤 용태가 의사표시로 간주되느냐는 문제에 있어서도, 개별적인 사정(die individuellen Umstände)에 중요한 의미를 부여하게 된다. "Trier" 지방의 포도주 경매에서, 손(手)을 드는 것이 어떤 가격의 제시(Gebot)로서의 효력을 가지는 것임을 알아차리지 못한 채 친구에게 신호를 보내기 위하여 손을 든 外地人(der Fremde)의 — 널리 알려진 — 케이스에서는, 그 외지인이 당연히 擧手의 이러한 의미를 알았어야만 하느냐의 여부가 문제되어질 것이다. 만약 그에게 경매의 과정이 사전에 명시적으로 묘사된 적이 있다면, 그는 그 의미를 알았어야만 할 것이다. 이러한 경우에도 거수에 의사표시로서의 효력을 인정하지 않는 주관설은, 그렇게 함으로써과실(Nachlässigkeit)이나 부주의(Unaufmerksamkeit)를 옹호하는 결과가 되며, 이는 법률행위적인 거래에서 설정되어질, 당사자의 주의에 대한 요청과 조화를 이루지 않는다. 만약 그 외지인이 그곳에서 포도주 경매가 행해지고 있음을 전혀 모른 채 아주 우연히 그 지방에 간 경우라면, 사정은 달라질 것이다. 여기서 이 경우에도 그 사람의 용태를 의사표시로 간주하고 그 용태와 관련하여 표의자에게 책임이 있다고 보는 객관설은 부당한 결론에 도달하게 된다.

Hölder의 例[37]에서 어떤 사람이 자신의 지급의무를 내포하고 있는 어떤 계약서에 서명하였는데, 그 자신은 (그렇게 함으로써) 어떤 통지를 수령하였음을 증명한다고만 믿고 있었다. 이 경우 그는 무엇이 문제되는지를 알기 위해서는 그 계약서를 읽어 보기만 하면 된다; 서명하기 전에 그는 자신의 서명의 의미를 확인했어야 한다; 만약 그가 확인을 하지 않았다면, 그는 그럼에도 불구하고 그 의미가 자신에게 귀속되도록 하여야 한다; 그는 자신의 거동이 의사표시로서의 의미를 가짐을 인식할 수 있었고 또 인식했어야 한다. 만약 내가 거리에서 어떤 眺望圖(ein Prospekt)나 연극 프로그램, 잡지 혹은 그러한 종류의 것들을 교부받았고, 그 뒤 그러한 것들을 수령함으로써 내가 그 대가를 지불하여야 할 의무를 지게 된다는 통지를 받았다면, 나는 그것을 거절할 수 있다. 왜냐하면 나는 거래관념에 따라 그것이 광고라고 여길 수 있었으며, 그것을 위해 내가 그 무엇을 지불하여야 한다고 예상할 필요가 없었기 때문에. 그러나 만약 내가 극장이나 서점 혹은 여행사(Reisebüro)에서 연극 프로그램이나 잡지 혹은 어떤 휴양지에 관해 잘 설명된 조망도를 받았다면, 이는 의사표시로서의 효력을 가진다. 왜냐하면, 내가 그 잡지나 조망도는 광고목적으로 대가없이 주어진 것이며 그 연극 프로그램은 입장료 가운데 포함된 것이라고 믿었다 할지라도, 그리고 나에게는 어떤 법률행위적인 의사표시를 할 생각이 전혀 없었다 할지라도, 나는 그 가운데서 지급의무의 인수가 인정되어 지게 된다는 점을 고려에 넣을 수 있었기 때문에. 내가 나의 용태의 법적인 의사표시로서의 의미 즉 그것의 효력의

37) In Jherings J. Bd.58, S.118.

미를 실제로 인식하는 것이 중요한 것이 아니라, 그것이 나에게 그러한 의미로써 귀속가능함을 인식할 수 있었고 또 그렇게 하여야 했다는 점이 중요하다.

따라서 결론적으로, 어떤 용태가 의사표시로 간주될 수 있느냐의 여부라는 문제 역시, 의사표시의 내용적 의미에 관한 문제와 꼭 마찬가지로, 다음과 같은 기준에 의해 결정된다. 즉 그 거래에서 신의성실의 원칙에 따라 그리고 거래관념을 고려하여, 또한 개별적인 사정과 상대방의 이해가능성을 고려하여 요구되는, 注意(Aufmerksamkeit), 分別(Einsicht) 및 綿密(Sorgfalt)이라는 기준, 즉 어떤 윤리적 목적론적 기준이 그것을 결정하며, 어떤 형식논리적인 기준이 그것을 결정하는 것은 아니다. 따라서 법관의 책임의식(Verantwortungsbewußtsein), 민감성(Feingefühl)에 중요한 활동공간이 부여된다. 해석은 추상적인 제 개념의 도식적인 적용에 비견되는 것이 아니라, 모든 개별적인 요소의 치밀한 조화(sorgsame Abstimmung)와 목적론적인 원칙의 세련된 등급매김(verfeinerte Abstimmung)에 비견된다 — 모든 시대에 있어서 해석이 정의로운 법관의 진정한 기술, 衡平과 善의 術(ars aequi et boni)로 여겨져 왔던 바대로. 어떤 決疑論的인 법조문이나 교과서도, 구체적인 법 즉 개별적인 사안에 어울리는[38] 법을 발견함에 있어서의 법관의 생동적인 감정이입능력(Einfühlungskraft), 직관(Anschauung), 양심(Gewissenhaftigkeit)이 항상 가지게 되는 몫을 대신할 수 없다. 법관은 마치 기계적으로 생활의 구체적인 풍성함을 추상적인 개념이라는 그물로 잡아 올리는 단순한 자동기계가 아

38) Vgl. dazu Binder, Philosophie des Rechts, S.406.

니라, 그 자체로서 항상 개별적인 것에 보편성을 불어넣고자 노력하며, 또한 이러한 보편성을 다양하게 개별화하려고 노력하는, 생동적인, 그리고 실천이성적인 존재(ein lebendiges und praktisch-vernünftiges Wesen)인 것이다.[39] 법관의 자의가 아니라 법률의 객관적인 이성이 결정을 내리며, 그러한 법률의 객관적인 이성은 법관을 통해 개별적인 것에 적용되며, 바로 어떤 개별적인 사안의 구체적인 一回性(Einmaligkeit) 가운데서 충분히 전개되게 되는 것이다.

*　　　　*

*

고유한 해석(die eigentliche Auslegung) — 우리가 귀속가능한 표시의미의 탐구를 그 과제로 인정해 온 — 은 종종 보충적 해석(die ergänzende Auslegung)과 구별되는데, 그것은 어떤 표시의 의미를 그 의욕된 바와 이해가능한 것의 범위을 넘어서서, 그것이 그 가운데서 직접적으로 표현되지 아니한 事象(Sachverhalt)에도 미친다는 식으로 확장하여야 한다는 것이다. 그렇다면 도대체 고유한 해석과 보충적 해석 사이에 어떤 차이가 있는 것인가, 그리고 만약 실제로 그러한 차이가 존재한다면 그러한 事案은 해석의 영역 대신에 법규범에 기초하여 시도되는 보충의 영역에 속하는 것이 아닌가, 따라서 해석과

39) 그 점에 관해서는, E. Kaufmann, Veröffentlichungen d. Vereinigung deutscher Staatsrechtslehrer, Heft 3, Seite 12 의 훌륭한 설명을 참고하라: 정의로운 결정은 오직 정의로운 인격 가운데서만 내려지거나 판단될 수 있다. 그 가운데는 어떤 주관주의가 놓여있는 것이 아니라, 정의란 어떤 창조적인 것(etwas schöpferisches)이며 경직되고 추상적인 규범의 기계적인 적용이 아니라는 사실에 대한 인식이 가로 놓여있다. 객관적이며 초개인적인 가치가 어떤 인격 가운데서 모습을 드러내며 그 가운데서 그리고 그것을 통하여 형성되어 지는 경우에만, 창조적인 거동이 존재하는 것이다.

보충은 두 개의 전적으로 상이한 법적인 절차(rechtliche Verfahren)로서 서로 대립되는 것이 아닌가라는 물음이 제기된다. 우리가 알고 있는 바대로, 고유한 해석도 곧장 단어의 의미(Wortsinn)에 집착하는 것은 아니며, 의사표시가 바로 그 구체적인 사정 아래서, 단어들과 여타의 표지들(Zeichen) 사이의 관련성에 따라, 그리고 상대방에게 인식가능한 표의자의 생각과 의도에 따라 판단할 때, 당사자들과 관련하여 무엇을 의미했던 것인가 혹은 의미하였어야 했던가, 그리고 어떠한 의미가 표의자에게 귀속가능한 것인가를 문제 삼는다. 이리하여 고유한 해석은, 그렇게 함으로써 자신의 법적인 意味釋義(Sinndeutung)로서의 성격을 상실함이 없이, 단어의 의미를 때로는 축소하여야 하기도 하고, 때로는 확대하여야 하기도 하며, 또 때로는 변경(umdeuten)시켜야 한다. 해석과 보충이 개별적으로 서로 어떻게 경계 지워지든 간에, 그것은 해석의 방법 그 자체만큼 문헌들 가운데서 다투어지지는 않는다. 그러나 그러한 경계지움은 해석의 본질을 정의하기 위해서는 불가결한 것이다.

Danz[40]의 견해에 의하면 해석과 보충 사이에는 애당초 아무런 차이도 존재하지 않는다. Danz에게 있어서는 해석은 법적인 효과의 확정(Feststel-lung der Rechtsfolge) 즉 법적인 포섭(rechtliche Subsumtion)과 일치한다. 따라서 해석을 통해 발견되는 표시의 내용과 어떤 임의법규에 기초한 보충 사이에는 아무런 차이도 존재하지 않게 된다. 또한 Danz는 임의법규의 내용도 표시된 것으로서(als erklärt) 여겼던 까닭에, 그리고 해석은 문언의 확장(Erweiterung des

40) S.75.

Wortlautes)인 까닭에, 그의 견해에 의하면 해석은 항상 보충이다. 따라서 Danz는 意味釋義(Sinndeutung)와 법적인 규범화(gesetzliche Normierung)를 구별하지 않았다. 그와 마찬가지로 Titze 역시 해석과 보충 사이의 차이를 인정하지 않는다.[41] 그는 의사표시를 그것을 통해 산출된 법적인 효과의 합계(Summe)라고 보았다. 이리하여 표시의 의미는 그 때 그 때 마다 오직 법률에 의해서만(nur an Hand des Gesetzes) 이해가능하다; Titze가 말하는 의미로서의 객관적 표시의미란, 법률에 의해 그 의사표시에 연결되는 법적인 효과의 총체(Gesamtheit)로부터 드러나는 의미이다. 그러나 그렇게 함으로써 법률이 의사표시에 법적인 효과를 연결할 수는 있지만, 그 이전에 의사표시의 의미가 확정되어야 한다. 의사표시의 의미는 그것에 적용되어 질 수 있는 법률에 의해 비로소 생겨나는 것이 아니다. 따라서 Danz와 Titze의 이론은 그 자체 근거가 없다(in sich unhaltbar). 오히려 해석과 보충은, 하나는 구성요건사실의 釋義라는 이미 특징지워진 의미로서, 다른 하나는 이미 釋義된 구성요건사실에 대한 법률의 적용이라는 의미로서, 서로 엄격히 구별되어 져야 한다; 의사표시의 내용과 임의법규는 서로를 배제한다.[42]

해석과 보충을 이론의 여지없이 경계 짓는 것의 어려움은, 다음과 같은 점에 기인한다. 즉 의사표시는 법적인 효과와 관련을 맺고 있으며 이것은 종종 부정확 혹은 불확실하게 표현되는 까닭에, 의사표시 그 자체가 이미 어떤 특정의 법적인 효과를 시사하고 있는 지의 여부,

41) S.481, 485ff. Ferner, "Richtermacht und Vertragsinhalt", S.14ff.

42) So Manigk S.121.

혹은 이러한 법적인 효과는 법률에 의해 비로소 이끌어 내어질 수 있는 것인지의 여부가 의문스러울 수 있다는 점에 기인한다. Manigk가 드는 한 例[43]에서는, 자루 속에 넣어진 상품의 매수인이 그 자루를 자신의 비용으로 매도인에게 돌려 주어야 할 의무를 부담하는 지가 문제된다. 이 점에 관해서는 명시적으로 아무 것도 정해진 바가 없으며, 또한 계약목적으로 부터 아무 것도 이끌어 내어지지 않는다. 그러나 매수인에게 자루의 반환의무를 부과하는, 양당사자에게 알려진 거래관념이 존재하고 있다. 어쩌면 그 이전에도 당사자들 사이에서 그렇게 취급되어 오기도 했을 것이다. 그럴 경우 당사자들은 각기, 상대방이 이러한 규율에 동의했다고 전제할 수 있다; 왜냐하면, 신의성실의 원칙이 이러한 관습으로부터 이탈하고자 하는 당사자에 대해 상대방에게 그 점을 통지할 것을 요구했기 때문에. 이 점에 관한 불언급 바로 그것은, 이 점이 통상적인 방법으로 규율되어야 한다는 뜻이라고 적극적으로 해석될 수 있다. 따라서 여기서는 당사자들에 의해 언급되지 않은 법적인 효과는, 계약상의 공백의 보충이라는 방도에 의해 그러한 법적인 효과가 바로 법률로 부터, 즉 제242조 ─ 이 조문은 다시금 신의 성실과 거래관념을 참조하도록 하고 있다 ─ 로부터 도출되어 질 수 있는 것과 마찬가지로, 해석이라는 방도에 의해 그들의 의사표시를 통해 함께 규율된 것으로서 발견되어 진다. 따라서 이러한 사안은, 그것을 어느 영역에 배정할 것인 지에 대해 의문을 가질 수 있는, 限界事案(Grenzfall)이다. 그러나 사안을 해석의 영역에 배정하느냐 아니면 보충의 영역에 배정하느냐는 여부에, 착오취소라는 중

43) S.175.

요한 문제가 의존하고 있다. 왜냐하면 주관적으로 의도된 표시의미와 이해되어질 그리고 귀속가능한 표시의미 사이의 相違만이 취소의 권리를 부여하며, 기대된 법적 효과와 법률에 기초하여 발생하는 법적 효과 사이의 相違는 취소의 권리를 부여하지 않기 때문이다.[44] 따라서 만약 자루의 반환에 대한 규율이 해석을 통해 확정된 법률행위의 내용에 기인한다면, 자루를 반환할 필요가 없다고 생각한 매수인은, 사안을 합리적으로 평가했더라면 그는 그렇게 의사표시를 하지 않았을 경우에는, 자신의 의사표시를 취소할 수 있다; 그러나 이러한 규율이 오직 보충적 법규에만 기인한다면, 취소는 배제된다. 따라서 그 때 그 때 마다, 의사표시의 해석이 문제되는가 아니면 보충이 문제되는가, 그리고 보충적 해석을 이 영역에 배정할 것인가 아니면 저 영역에 배정할 것인가를 결정할 필요가 있다.

특히 Oertmann은, 한편으로는 고유한 해석에 대한 보충적 해석의 고유한 특성(Eigenart)을, 그리고 다른 한편으로는 보충에 대한 보충

44) 어떤 법적인 효과의 발생에 관한 착오는, 그것이 동시에 의사표시의 내용에 관한 착오가 아닌 한, 동기의 착오(Motiveirrtum)에 속한다. 해석과 보충을 구별하지 않으며 의사표시의 내용을 법적인 효과의 합계(Summe)로 보는 이론은, 그 이론과 모순되지 않는 논리적 귀결로서, 어떤 보충적 법규범에 기인한 법적인 효과의 발생에 관한 착오의 사안에 있어서도, 취소를 허용하지 않으면 안 된다. 다음의 케이스에 있어서 Titze(S.460)가 그러하다: A는 B에게 어떤 매매의 청약을 하고자 의도하였고 또한 그 가운데서 해제권(Rücktrittsrecht)을 유보하고자 하였다. 어떤 엉터리 법률고문이 그에게 그는 민법에 따라 마찬가지로 해제권을 가진다고 말했다. A는 그것에 기초하여 해제권의 유보를 생략하였으며, 그럼에도 불구하고 법률에 의해 자신에게 해제권이 귀속된다고 잘못 추측하였다. 여기서 A는 자신의 청약의 의미에 관해 착오에 빠진 것이 아니라, 오직 어떤 법률적 규범화(eine gesetzliche Normierung)에 관해 착오에 빠진 것이다. 그가 표현하고자 의도했던 것을 그는 표시했다; 그의 잘못된 생각은, 그가 해제권의 유보를 표현했다는 생각이 아니라, 법률에 의해 그에게 해제권이 귀속되기 때문에 그는 그것을 표현할 필요가 없다는 생각이다. 이러한 착오는 동기에 있어서의 착오이며, 그것은 법적으로는 중요하지 않다.

적 해석의 고유한 특성을 주장한다. 보충적 해석은, 당사자에 의해 명시적으로 규율되어 있지는 않지만, 그 규율이 법률행위의 전체(das Gesamtgeschäft) 및 당사자들의 목적으로 부터 생겨나는, 그러한 문제와 관련을 맺고 있다. 여기서는 개별적인 의사표시가 해석되는 것이 아니라 법률행위의 전체가 해석된다; 반대로 개별적인 의사표시들은 보충된다.[45] 법률행위의 연계성(Zusammenhang)으로부터, 개별적인 의사표시들 그 자체가 낳는 것보다 광범위한 의미가 생겨난다: "특별히 규율되지 않은 점들은 법률행위 전체의 구성부분으로서 간접적으로 함께 표시되어 있으며, 그것들은 전체 법률행위의 연계성에서 나오는 직접적인 표시내용으로부터 함께 포착된다(mitegreifen)"[46]. 따라서 그렇게 이해된 보충적 해석이란, 법률의 규정을 어떤 목적론적인 전체(ein teleologisches Ganze)로서의 법률의 정신이나 연계성 및 목적으로부터 보충할 때 행해지는 활동과 유사하다. Oertmann은 여기서, 해석의 과제와 그 성격을 매우 성공적으로 특징지웠다. 단순히 개별적 의사표시만이 해석되는 것이 아니라, 관련성을 가진 전체를 낳는 복수의 의사표시가 해석된다. 그러나 Oertmann은 계약목적이라는 기준과 사리에 합당한(sachgemäßig) 그리고 법률행위의 특성에 맞추어진 규율 대신에, 다시금 어떤 주관적인 기준 즉 假定的 當事者意思(hypothetische Parteiwille)로 되돌아감으로써,[47] 이러한 객관적 - 목적론적 해석의 범위를 지나치게 벗어나고 있다. 이

45) R.O. u. V.S. S.154, 154, 174ff. Dagegen Schreier, Die Interpretation der Gesetze und Rechtsgeschäfte, S.82.

46) S.178.

에 따르면 보충적 해석은, 당사자들이 법률행위의 목적 달성에 필요한 모든 것들을 규정하고자 의욕했다는 추측에 기초하지 않으면 안 된다; 당사자들에 의해 의욕된 것이 사리에 합당한 것이라는 추측에, 기초하지 않으면 안 된다. Oertmann은 여기서 우선 다음과 같은 추론을 이끌어 냈다. 즉 이러한 추측에 대해서는, 그것을 제거하기 위해서는 그것의 잘못되었음을 단순히 지적하는 것으로 충분하여야 한다는 것이다; 따라서 그것에 반대되는 의사에 대한 단순한 지적이, 보충적 해석의 적용을 방해하여야 한다[48]. 그러나 Oertmann은 나중에 이러한 입장을 포기하였다[49]. 그는 그 이후에는 오직 취소만을 허용하고자 하였으며, 그렇게 함으로써 다시금 객관적인 근거설정에 접근하였다. 왜냐하면 단순한 추정적 의사는 당연하게도 실제적 의사(wirklicher Wille)에 굴복하여야 하기 때문이다; 보충적 해석의 결과가 어떤 객관적 기준에 근거할 경우에만, 그 결과가 실제적인 당사자의 견해(die tatsächliche Parteiauffassung)에 대항하여 존립할 수 있다.

Manigk 역시 보충적 해석의 적용에 있어서 객관적 기준을 요구한다. 그는 "추정적 의사(der vermeintliche Wille) 역시 오직 객관성을 지향하는 요소(ein objekiv richtender Faktor)로서만 생각될 수 있으며, 그 요소는 편파적이 아닌, 양당사자에게 공평하게 봉사하는 이익조정을 하지 않으면 안 된다"고 하였다.[50] 따라서 假定的 意思[51]는 지나친 擬制가 된다. 객관적 형평과 합목적성에 따라 이해되어 지는 것,

47) S.179f. u. 190ff.

48) S.190f.

49) Kommentar S.565.

50) S.181.

즉 실질적으로 정당한 것(das sachlich Richtiges)이 그것을 대신한다. 그 점은 이미 Stammler[52]에 의해, 그리고 그것과 유사하게 Rümelin[53]에 의해 표명된 바 있다: 해석은 Stammler에게 있어서도, 어떤 순수 논리적이거나 언어학적(philologisch)인 활동이 아니라, 정당한 법(das richtige Recht)을 실현하고자 노력하는, 따라서 명시적으로 규율된 것을 보충함에 있어서 실질적으로 정당한 것에 대해 고려하여야 하는, 어떤 법적인 활동이었다. 그러나 Stammler에 있어서는 바로 (보충적) 해석이 문제였던 반면, Manigk는 법규에 근거한 보충의 영역을 생각하고 있다고 여겨진다. 왜냐하면 그는 임의규범에 기초한 규율에 대해서와 마찬가지로, 보충적 해석의 결과에 대해서도 착오를 이유로 한 취소를 허용하지 않고자 했기 때문이다.[54] 이는 바로 Manigk가 착오취소와 관련하여 표시내용과 임의법규를 엄격히 분리하고 있다는 점에서, 보충적 해석의 결과는 표시내용에 속하는 것이 아니라 임의규범에 기초한 법적인 결과와 동일한 위치에 놓여진다는 것을 의미할 수밖에 없다.

이에 따라 우리는 가정적 의사를 배척할 뿐 아니라 보충적 해석의 전 영역을 법률에 의한 보충의 영역(das Gebiet der gesetzlichen Ergänzung)에 배정하는 여타의 이론에 도달하게 되었다. 이 이론은 다른 곳에서가 아니라, 바로 모든 주관적 해석이론에 대한 예리한 반

51) 그것은 특히, Cosack, a.a.O. S.239와 Enneccerus S.532, 그리고 무엇보다도 Reich 법원의 판례 가운데서 발견된다(vgl. unten).

52) Die Lehre vom richtigen Recht.(2.Aufl.) S.309.

53) Im ArchZivPr. Bd.93, S.298f.: 해석은, 궁극적으로는 合目的的인 熟考와 衡平的인 熟考를 따른다.

54) S.163.

대자에게서, 즉 Franz Leonhard[55]나 v. Tuhr[56]에게서 발견된다. 그 이론에 따르면 해석은 오직 표시된 바를 밝히는 것과 관련을 맺고 있는 반면, 보충은 결코 해석에 속하지 않고 오히려 법률의 적용이며, 그 기초는 보충적 법규범들과 독일 민법 제242조 가운데서 발견되어 진다. 이리하여 이 이론은 맨 먼저 고찰된 Danz나 Titze의 이론과 마찬가지로 보충적 해석의 가능성을 부인하지만, 그러나 그 이유에서는 그들과 대립하고 있다: 그들은 도대체 해석과 보충 사이의 아무런 차이도 인정하지 않는 반면, 이들은 보충적 해석이라는 중간영역의 여지가 남지 않을 정도로 그렇게 예리하게 경계선을 긋고 있다.

보충적 해석의 문제에 대한 라이히 법원의 입장은 흥미를 끈다. 보충적 해석은 라이히 법원의 판결들에 있어서 매우 중요한 역할을 담당하며, 매우 빈번하게 嚴格한 法(jus strictum)에 대항하여 衡平性(Billigkeit)에 효력을 부여한다는 식으로 라이히 법원에 봉사한다. 라이히 법원은 방법론적으로는 가정적 당사자의사라는 입장에 의거하고 있기는 하다. 그러나 라이히 법원은 당사자들이 바로 실질적으로 정당한 것을 의욕했을 것이라고 전제함으로써 거기에는 어떤 객관적인 전향(Wendung)이 존재한다. 이리하여 (라이히 법원 민사판결집) 제67권의 한 판결[57]은 다음과 같이 말한다: “어떤 다른 의사가 통지되지 않은 한도 내에서, 당사자들은 다음과 같이 개별적인 문제들을 규율하고자 했으리라고 전제해도 좋다. 즉 그 때 그 때의 사안

55) ArchZivPr. Bd.120, S.37ff.

56) S.545.

57) RG. Bd.67, S.430.

의 특별한 사정 아래서, 공정하게 사고하는 당사자들 간의 거래에 있어서의 일반적인 견해에 상응하게, 개별적인 문제들을 규율하고자 했을 것이다." 다른 한 판결[58]도 이와 유사하게 말한다: "행해진 약정의 전체 맥락(Zusammenhang)으로부터 나오는 자명한 귀결로 여겨지는 것 또한 표시되어 있다. — 당사자들이 그 점들을 계약목적을 고려하여 거래관념에 상응하게 해결하고자 의욕했으며, 그들에 의해 확정된 主旨(Leitsätzen)에 따라서도 또한 그렇게 해결했다는 것이 전제되어야 한다." 여기서 보충적 해석의 결과는 표시내용에 속한다는 것이 분명히 표현되어 있다; 만약 당사자들이 그 점을 생각했더라면 당사자들에 의해 그렇게 규율되었을 것이라는 것 뿐 아니라, 법률행위 전체의 연계성(Zusammenhang)을 통해서도 함께 그렇게 규율되어 질 수 있다는 것이 표현되어 있다. 따라서 여기서 목적론적인 연계성이라는 객관적 요소가 전면에 등장한다. 라이히 법원이 연계성으로부터 사리에 맞게 이해되어 지는 바에 대해 어느 정도 고려를 하고 있는 지를, 또 다른 사건[59]이 보여 주고 있다. 그 사건은 어떤 가게의 매매에 관한 것이다. 매도인의 연령은 이미 70이었으며, 매수인을 자신의 상속인으로 선정해 놓고 있었다. 그러나 그후 매도인은 같은 장소에서 競業을 시작하였다. 라이히 법원은 매도인이 은퇴를 하고 더 이상의 모든 영업활동을 하지 않을 것이라는, 매도인의 인식가능한 의사를 고려하여 매수인이 그 가게를 인수하였을 것이라고 전제하였다. "따라서 피고에게 부과된 경업개시금지는 신의성실의

58) Gruch. Beitr., Bd.54, S.387.

59) Jur. W. 1908, S.155.

원칙에 따라 그 매매계약의 자명한 구성부분을 이룬다." 따라서 비록 그 계약에서 경업금지에 관해 한 마디도 언급이 없었음에도 불구하고, 라이히 법원은 계약목적을 통해 그것이 요청된다는 이유에서 이러한 경업금지를 "자명한 구성부분"으로 여기고 있다. 여기서는 가정적 당사자의사는 더 이상 문제가 되지 않는다; 피고의 의사는 존재하지 않았을 것이다; 실질적으로 정당한 것이기 때문에 경업금지는 효력을 가진다.

라이히 법원은 지금까지 언급된 판결들에 있어서는 법관의 보충적 활동을 계약내용의 해석으로 생각하고 있는 반면, 다른 판결들에 있어서는 오히려 법규범에 기초한 계약내용의 보충으로 생각하고 있는 것처럼 보인다. 이리하여 (라이히 법원 민사판결집) 제92권[60]에서는 다음과 같이 말한다: "계약상의 공백을 메꾸는 것은 당사자의 계약상의 의사를 보충하는 것이 아니라, 항상 오직 계약을 보충하는 것이다. 즉 생겨나기는 하였지만 예견하여 대비되지는 않은 사안과 관련하여, 거래에 있어서의 신의성실의 方向線에 따라, 그리고 그 계약 가운데서 주시된 제 관계(die ins Auge gefaßten Verhältnisse)와 관련하여 표현된 의사의 方向線에 따라, 당사자들 사이에서 무엇이 법이어야 하는 가에 대한 법관의 창조활동(richterliche Schaffung und Schöpfung)인 것이다." 여기서는 주관적인 기준을 이용하였는가 객관적인 기준을 이용하였는가가 불명확한 것과 마찬가지로 해석과 보충의 경계지움이 불명확하게 드러나 있지만, (라이히 법원 민사판결집) 제99권의 한 판결에서는 해석에 최대한의 활동영역을 부여하고

60) Bd.92, S.320.

자 하는 라이히 법원의 입장이 분명히 드러난다.[61] 이 사건은 유언의 해석에 관한 것이다. 피상속인은 자신의 형제자매 가운데 한 사람의 두 아이를 상속인으로 지정하였다. 그러나 이 두 상속인 가운데 한 사람은 이미 사망하였으며, 그는 9명의 자식을 남기고 있었다. 이들은 이미 사망한 상속인을 대신하여 그 자의 상속분을 요구하였으며, 그것에 상응하는 상속증서의 교부를 이미 신청해 두고 있었다. 베를린 상급지방법원(Kammergericht)은 최종적으로 신청을 기각하였지만, 라이히 법원의 판례와 상치된다는 이유에서 사건을 라이히 법원의 판단에 맡겼다. 베를린 상급지방법원은 피상속인의 직계비속 가운데서 상속인을 지정한 경우, 불확실한 때는 그 자(상속인)의 직계비속이 예비상속인(Ersatzerbe)으로서의 자격을 가진다는 내용을 담고 있는 독일민법 제2069조를 보충적 법규로 파악하고, 바로 직계비속에게 유증되지 않은 사안에 그 규정을 확장하는 것을 거절하였다. 라이히 법원은 반대로 제2069조를 해석규정으로 보았다; 따라서 그 규정은 유언 가운데서 공백으로 남아 있는 어떤 점을 규율하는 것이 아니라, 어떤 특정한 사안과 관련하여 유언 그 자체가 어떻게 이해되어야 하는가를 지시하는 것이다. 그렇다면 그렇게 할 특별한 이유가 있는 경우에는 여타의 사안들에 있어서도 유언을 그렇게 이해하는 데 아무런 장애가 없다. "제2069조의 요건 아래서 의심스러운 경우 여타의 遺言 內外的인 據點 없이도 지반을 차지해야 하는, 상속인지정에 대한 확장적 해석은, 그 밖의 사정 — 비록 그것이 遺言 外的인 것에 불과하다 할지라도 — 이 그러한 해석을 피상속인의 의사 가운데 존재

61) Bd.99, S.82ff.

하고 있는 것처럼 보이게 하는 경우에는, 여타의 사안에 있어서도 요구된다." 이리하여 라이히 법원은, 보충적 해석에 비상하게 넓은 공간을 부여하고 있으며[62], 방법론적으로는 때로는 가정적 당사자의사라는 주관적 요소에 의거하기도 하고, 때로는 거래목적이라는 객관적 기준, 즉 실질적인 연계성(Zusammenhang)과 형평성이라는 객관적 기준에 의거하기도 한다.

그럼에도 불구하고 보충적 해석은 개별적인 사안에 "그것의" 법이 부여되기 위한 필수불가결의 보조수단이다. 만약 보충적 해석을 "고유한" 해석과 대비코자 한다면, 고유한 해석은 개별적 의사표시의 의미를 탐구하고자 하는 반면, 보충적 해석은 그것을 넘어서서 어떤 법률행위 전체의 의미(die Bedeutung eines Gesamtgeschäftes)를 탐구하고자 하는 것이라는 데서, 그 本質的인 區別標識(das wesentliche Unterscheidungsmerkmale)를 인정해도 좋을 것이다. 그리고 어떤 법률행위 전체란 복수의 의사표시에 기초하고 있으며, 그것에 대

62) 이따금 라이히 법원은 어떤 계약의 해석이나 보충이 문제되지 않는 경우에 있어서 조차 보충적 해석이라는 관점을 적용하고 있음을, (라이히 법원 민사판결집) 제99권 318면이 보여 주고 있다. 그 사건에서는 어떤 사람이 1914년 8월에 자신의 관리인(Inspektor)의 가족에게 "전쟁이 계속되는 동안" 그 관리인의 봉급을 계속 지급할 의무를 부담하고 있었다. 1917년에 그는 자신의 관리인에게 해지의 의사표시를 하고 그 이후의 봉급지급을 거절하였다. 라이히 법원은 1914년에 양당사자들은 짧은 기간의 전쟁계속을 고려에 넣고 있었다고 전제하고, 그러한 짧은 기간의 전쟁계속과 관련하여 해지권이 배제된다고 보았다. 그러나 보다 긴 기간 동안 전쟁이 계속하는 경우는 예견되어 있지 않았으며, 따라서 이러한 점을 고려할 때 보충적 해석을 위한 여지가 존재한다(고 한다). ― (그러나) 여기서는 전쟁이 계속하는 동안 봉급이 계속 지불되어야 한다는 점이 一義的으로 결정되어 있다. 그러한 한, 계약은 명확하며 확정적이다. 전쟁이 짧은 기간 동안만 계속될 것이라는 당사자들의 기대는 계약내용에 아무런 영향을 미치지 않았으며, 계약 가운데서 표현되어 있지 않다. 이 판결이 부적확함이 드러났다면 行爲基礎의 脫落(Fortfall der Geschäftsgrundlage)이 생각될 수 있겠지만, 그러나 그렇다고 해서 "보충적"(실제로는 뜻을 바꾸는) 해석을 위한 여지가 마련되지는 않는다.

해서는 개별적인 의사표시에 대해서 보다 광범위한 의미가 귀속될 수 있는 것이다. 물론 이러한 구별(고유한 해석과 보충적 해석의 구별)보다, 해석 — 보충적 해석을 포함하여 — 과 보충을 구별하는 것이 더 중요하다. 여기서 우리는 단어의 의미(die Wortbedeutung)를 실마리로 삼을 수 있다. 어떤 의미복합체(Bedeutungszusammenhang)의 해석이란 그 복합체를 분해 배열(Aus-einander-legung)하는 것, 그 가운데 함축적으로 내포되어 있는 것을 펼쳐 내는 것(Ent-wicklung), 그 때 그 때 마다 이미 그 가운데서 암시된 생각을 명료하게 하는 것(Ver-deutlichung)이다. 그러한 생각은 언명될(ausgesprochen) 필요는 없으며, 그 복합체(관련성)로부터 나오는 "자명한 귀결"로서 나타날 수 있어야 한다. 그러나 항상 그것(그러한 생각)은 현존하는 의미복합체를 통해 함께 생각되어져 있어야 하며, 의미복합체에 의해 (그 안에) 포함되어 있어야 한다; 즉 그것은 이러한 의미복합체에 의해 요청된 바대로, 이 의미복합체로부터 나오는 자명한 것이어야 한다. 물론 보충되어질 생각은 논리적 혹은 심리적 熟考로부터 요청될 뿐 아니라, 또한 법적인 熟考로부터도 요청된다. 따라서 보충적 해석은, 그 법률행위의 연계성으로부터 당사자들과 관련하여 합리적인 방법으로 신의 성실의 원칙에 따라 보충되어질 결정(Bestimmung)이 도출될 수 있고 또 그러하여야 하는 만큼, 광범위한 것이다. 또한 그렇게 확장된 의미는 표의자에게 귀속가능한 것이어야 한다. 즉 그것은 표의자에게 이해가능한 것이어야 한다. 따라서 표의자는 그 법률행위의 목적에 따라 그리고 문제가 되는 利益들의 公平한 衡量(Abwägung)에 의해 그 법률행위가 이러한 규율을 요청한다는 점을 인식할 수 있었어야 한다. 만약 그가 그것(표의자에게 귀속가능한 의미)을 알았더라면 그것을 의욕했겠느냐의 여부는 중요하지 않다. 이리하여 보충적 해석 역시 가정적 당사자의사에 의해서가 아니라, 오직 당사자의 이해가능성에 의해 측정되어야 하며, 그리고 그 경우 事理에 合當함과 正當함(das Sachgemäße und Richtige)이 탐구되어야 한다.

당사자의 이해가능성은, 특별한 고찰을 요하는 어떤 사안에 있어서는, 물론 소용이 없다. Titze가 든 예 가운데 하나[63]에 있어서는, "카톨릭 신앙을 따르는 사람들"을 위한 어떤 재단은 古代카톨릭교도들[Altkatholiken=교황의 불요류성(Unfehlbarkeit)이라는 도그마가 발표된 이후 1870년 로마로부터 분리되어 성립한 교단의 구성원: 역자註]이 생겨난 이후 이 사람들도 도와야 하느냐가 문제되고 있다. 여기서는 의미변천(Bedeutungswandel)의 문제가 등장한다. 재단을 만들 당시에는 "카톨릭 신앙을 따르는 사람들"이라는 표현은 전적으로 一義的인 것이었다; 이제 그 표현은 두 개의 상이한 의미를 포함하고 있다. 재단의 설립자에게는 이러한 의미변천은 예견불가능한 것이었다; 그의 이해가능성은 변경된 의미에는 미치지 않지만, 그럼에도 불구하고 여기서 어떤 결정이 내려져야만 한다. 여기서는 가정적 당사자의사로 돌아가는 것, 즉 이러한 사정 하에서라면 설립자가 무엇을 의욕했겠는가를 문제삼는 것이 이해하기 쉽다(naheliegen). 그러나 어느 누구도, 다른 사람이 특정한 그리고 그에게 예견되지 않은 사정 하에서 무엇을 의욕했겠는가를, 확실히 말할 수는 없다. "가정적 당사자의사"에 의한 조작은 항상 어떤 의제(Fiktion)로 달려 나가게 된

63) S.487.

다. 이리하여 여기서도 우리는 바로 표의자를 고려할 때 무엇이 적합한 의미인가를 문제 삼아야만 한다: 즉 어떠한 의미가 표의자에게 기대가능한(zumutbar) 것인가를 문제 삼아야 한다. 표의자가 사정을 합리적으로 평가했더라면 그 때부터 그 변경된 표현과 결합시켰어야 할 의미가, 기대가능한 의미이다; 즉 변경된 사정 하에서 그 법률행위의 객관적 목적(여기서는 재단)에 상응하는 의미가 바로 그것이다. 그 재단이 어떤 건물을 교회로 사용케 할 목적으로 성립했으며 당해 지방에서 대부분의 카톨릭 교도들이 고대 카톨릭교로 개종했다면, 이제는 그 재단이 고대 카톨릭 교도들을 도움으로써 카톨릭 교회단체로 하여금 공간을 사용케한다는 그 재단의 목적에 여전히 혹은 최소한 가장 잘 상응할 수 있게 된다. 역시 Titze에 의해 알려진 케이스 역시 이와 유사한데, 그 사건에서는 어떤 교회단체로 부터 임차된 묘지에, 火葬하고난 유골도 매장될 수 있느냐가 문제되고 있다. 여기서는 우선 다음과 같은 점이 문제될 수 있다. 즉 그것(유골의 매장)이 그 교회단체의 종교관에 비추어 볼 때 그 교회단체로 부터 기대될 수 있는가라는 점이다. 왜냐하면 이러한 임대차계약의 목적은, 그 묘지의 사용이 그 교회단체와 구성원들의 신념에 따라 그곳이 묘역의 일부로 정해진 이유와 일치할 것을 요구하기 때문이다. 따라서 이러한 신념은 해석에 의해 고려되어야 한다. 따라서 의미변천의 케이스에 있어서의 해석과 관련해서는 가정적 당사자의사가 아니라 의미의 기대가능성(Zumutbarkeit)이 결정적인 것이다.

그러나 의사표시 또는 법률행위의 연계성으로부터 더 이상 보충적 결정이 그 안에 포함된 것으로서 추론될 수 없는 경우에는, 보충의 영역이 시작된다. 따라서 전술한 라이히 법원의 사건들에 있어서 경업금지나 직계비속에 대한 상속인 지정은 함께 생각되어진 것으로서 추론될 수 있지만, 반대로 전달받은 자루와 관련된 매수인의 반환의무는 당사자들의 의사표시 가운데서 사전의 합의나 통상적인 규률과의 관련성이 발견될 수 없는 한, 함께 생각되어진 것으로서 추론되기 힘들다. 또한 다음의 케이스[64]도 의문스럽다: 어떤 가게의 임차인은 그 임대차계약이 건물의 外壁 — 그가 광고목적으로 사용하고자 하는 — 과도 관련을 맺고 있다고 생각하였지만, 그 점에 관해서는 계약체결시 논의된 바가 없었다. 여기서는 당사자들이 그 계약을 이런 혹은 저런 의미로 이해해야 한다고 말하기 힘들다; 오히려 그 계약은 이 점에 관해서는 침묵을 지키고 있으며, 따라서 어떤 임의법규에 기한 보충, 그리고 (이 사안에서는) 그런 임의법규가 결여되어 있는 까닭에, 민법 제242조에 기초한 보충만이 고려되게 된다. 마찬가지로, 합의된 인도장소에서의 계약에 따른 인도가 예컨대 전쟁의 발발로 말미암아 불가능하게 되었기 때문에 법관이 다른 인도장소를 확정해야만 하는 경우에도, 해석이 아니라 보충이 문제된다. 여기서는 계약 가운데서 예견되지도 않았으며 또한 계약으로부터 이끌어 내어질 수도 없는 어떤 결정이 행해진다.

따라서 해석과 보충은 법적용의 두 개의 상이한 기능이지만, 그러나 양자는 동일한 목적에 봉사한다: 어떤 개별적인 법률관계의 "올바른" (richtig), 즉 사리에 합당한, 합목적적인, 형평에 맞는 규율(이라는 목적에 봉사한다). 양자는 "거래관념을 고려하여 신의성실이 요구하

64) Vgl. Manigk, S.172.

는 바" 가운데서, 그들의 최종적인 기준을 발견한다; 양자는 목적론적이며 규범적인 방법을 요구한다. 그러나 양자는 상이한 방식으로 그들의 목적에 봉사한다. 해석은 사건의 개별적인 사정들, 당사자들의 개별적인 이해가능성, 그들의 생활관계의 특수성, 그들의 언어관용, 그리고 그들의 여타의 쌍방적인 관계에서 출발하며, 개별적인 의사표시의 개별적인 의미를 탐구하고자 한다. 반대로 보충은 어떤 사건의 典型性(das Typische)을 고려에 넣는다; 보충은 사건의 보편타당한 규율을 추구하며, 어떤 특별한 법규범의 적용 가운데서, 또는 거래관념과 신의성실이라는 기준의 적용 가운데서, 사건의 보편타당한 규율을 발견한다. 해석은 개별적인 사건과 관련해서만 타당성을 가진다; 같은 단어도 다른 사건에서는 달리 해석될 수 있다. 반대로 보충은 다른 사건에도 타당한 규율을 행하고자 한다. 따라서 제157조와 제242조에서 "신의와 성실"을 언급하고 있는 것은 각기 다른 의미를 가진다: 제157조에 따른 해석에 있어서는 법관은 자신을 당사자들의 입장에 놓고, 그 의사표시가 바로 그 당사자들과 관련하여 어떤 의미를 가졌던 것인가를 문제 삼는다; 제242조에 따른 보충에 있어서는 법관은 자신을 입법자의 입장에 놓고, 자신이 입법자라면 이 사건과 관련하여 어떤 보편타당한 규율을 했을 것인가를 문제 삼는다. 따라서 제157조와 제242조에서는 법이념의 상이한 기능들이 표현되어 있다: 개별성을 강조하는 형평성과, 모든 법사건 하나 하나의(eines jeden Rechtsfalls) 보편타당성[65]을 강조하는 正義. 물론 양 기능들은

65) 衡平性의 본질과, 그것의 正義에 대한 변증법적 관계에 관해서는, Binder a.a.O., S.396ff.를 참고하라.

이념 가운데서 합일되며, 다른 하나 없이 어느 하나를 생각할 수 없다. 왜냐하면 개별적인 것 가운데 보편타당한 것의 효력을 불어 넣는 것이 바로 이념의 본질이기 때문에. 따라서 해석 또한 개별적인 것에 그것의 규범을 설정하고 또 보충을 삽입함으로써, 즉 일반적인 규율을 개별적인 사안에 맞춤으로써, 개별적인 것을 넘어서고자 노력한다. 그 가운데서 해석과 보충의 대립은 자신의 보다 깊은 근거를 발견하게 되며, 또한 동시에 개별적인 문제에 있어서 양자의 경계 지움이 왜 그렇게 어려운 가를 이해할 수 있게 된다; 양자는 그들의 방향에 있어서는 법이념을 통해 결정되지만, 그러나 각기 상이한 방법으로 결정된다. 그러나 법이념의 양 기능은 서로 맞물림으로써, "객관적인 정신" 의 세계에 있어서 어떤 살아 움직이는 전체로서의 법의 계속적인 발전(Fortentwicklung)에 봉사한다. 왜냐하면 어떤 특정의 형평판단과 관련하여 어떤 특정의 기준이 만들어 짐으로써, 그 기준은 법률적인 고정화가 가능하게 되며(der gesetzlichen Fixierung fähig) 하나의 해석규율 혹은 하나의 임의법규로까지 바뀌게 된다. 그러나 법규의 그 때 그 때의 현황에 따라 법관의 법의식이 형성되며, 이리하여 이 법의식은 다시 형평판단에 반작용을 하게 된다. 따라서 궁극적으로는 법률행위의 해석에 있어서도, 그리고 법률행위의 보충에 있어서도, 법관을 이끌고 가야 하는 것은, "형평에 맞는 법"(das billige Recht)이라는 이념인 것이다.

후 기

후 기

법률행위의 해석방법에 관한 나의 교수자격논문은 戰後 더 이상 출판되지 않았다. 그 논문은 분명히 아직도 몇 몇 안 되는 도서관에만 소장되어 있다. 왜냐하면 그 논문을 도서관에서 입수하는 것이 불가능한, 국내외의 관심을 가진 분들로부터 여러 차례에 걸쳐 잠깐 동안 그 원본을 열람할 수 있도록 해 달라는 요청을 받아 왔기 때문이다. 그러나 유감스럽게도 나는 이러한 요청을 따를 수가 없었다. 왜냐하면 나 자신조차 전쟁의 영향으로 완전히 변색되고 낡아 빠진 校正刷만을 가지고 있기 때문이다. 따라서 나는 내용에 변경을 가하지 않은 複製版을 출판하자는 Metzner 출판사의 제안을 기꺼이 수락하였다.

내가 (그 논문을 발표한 이후) 37년 동안, 많은 것을 그 당시와는 다르게 정식화(formieren)해 온 것은 분명할 것이다. 그러나 본질적으로는, 그 논문에서 제시된 견해, 즉 "意思表示"란 意思의 傳達이 아니라 "效力表示"라는 견해는 지금도 여전히 나의 견해이다. 그 견해는 그 이후의 문헌들 가운데서 받아들여져 왔다; 나는 여기서, Enneccerus-Nipperdey의 민법총칙 교과서 제15판(1960) §145, II, 2 u. §164, II, 3을 들어도 무방할 것이다; 나아가 Fritz Schulz 기념논문집(1951), S.157ff.에 수록된 Dulckeit의 논문과, Flume의 민법총칙 교과서 제2권(1965) §4, 7을 들 수 있을 것이다. Flume가 "효력주의"(Geltungstheorie)란 올바르게 이해된 "의사주의"(Willenstheorie)에 다름 아니다 라고 생각하는 데 대해, 그와 다투고 싶은 생각은 없다; 어쨌든 "의사주의란", Flume가 그것을 그렇게 이해하고자 하는 것처럼, 항상 그렇게 이해되어지는 것은 아니다. 부분적으로는 동의하면서 부분적으로는 비판적인 입장은, Ludwig Reiser의 보통거래약관법 154면 이하(특히 155면의 주2와 주4)에서 발견되며, 최근에는 Pawlowski의 Rechtsgesch?ftliche Folgen nichtiger Willenserklärungen(1966) S. 211ff.에서 발견된다. 끝으로 Thiele가 자신의 저서: "Die Zustimmungen in der Lehre vom Rechtsgeschäft", 1966, S.107ff. (unter b)에서 하고 있는 설명은, 비록 명시적으로 그 관련성이 드러나 있지는 않지만, 본고에서 전개된 견해의 의미를 철저히 따르고 있다.

다만 어떤 한 가지의 점과 관련하여 나는 그 당시의 나의 입장을 분명히 밝히고자 한다. 53면(원서의) 이하의 설명은 여전히 法實證主義의 영향을 받고 있으며, 그 설명이 Reinach와 G. Husserl에 대해 비판적인 태도를 취하는 한도 내에서는 이들을 따르지 않는다. 의사표시(법률가들이 그렇게 명명하는)란 하나의 행동(Akt)이며, 그 행동은 그 의미에 따라 판단할 때 그 무엇(법률가들은 그것을 법률효과라고 한다)이 효력을 가져야 한다는 점을 지향하고 있다. 실정법질서가 존재하느냐의 여부와는 전적으로 무관하게, 그런 종류의 행동들은 상정될 수 있다(denkbar). 법률행위란 그 본질적 특성에 따라 판단할 때 실정법질서에 의해 창조된 것이 아니며, 소유권이나 계약 그리고 불법행위와 마찬가지로 실정법질서에 대해 부여된 것 — 법논리상의 어떤 先驗的 存在(ein rechtslogisches a priori) — 이다. 그러나 그 점이 다음과 같은 점을 배제하지는 않는다. 즉 우리가 그 안에서 생활하고 있는 어떤 법질서 내에서, 그 법질서에 의해 설정된 조건들에 상응하기 때문에 당해 법질서에 의해 유효한 것으로 승인받는, 그러한 법률행위나 계약 등 만이 법적인 효력을 획득한다는 점이다. 따라서 법률행위나 계약 등의 효력은 사적자치적으로 효력을 산출하는 법률행위적인 행동에 기인하며, 또한 실정법을 통해 이러한 행동에 부가되어지는 승인에도 기인한다. 이 점을 나는 그 당시에는 지금처럼 보지 않았다. 나는 그 사이에 내가 얻게 된 것으로 믿는 견해를 가까운 장래에 보다 상세히 서술하고 그 근거설정을 할 수 있게 되기를 기대한다.

1966년 8월 München의 寓居에서.

Karl Larenz

역자 후기

1. 이 책의 저자인 Karl Larenz는 20세기 독일 민법학을 대표하는 학자라고 할 수 있다. 그의 대표적 저서인 민법학 시리즈(총칙, 채권총론, 채권각론)는 단순한 교과서의 수준을 훨씬 뛰어 넘는, 동료학자들을 위한 이론서라는 평가를 받고 있으며, 그의 死後에도 최근까지 제자들에 의해 수정증보판이 계속 발간되고 있다. 그리고 그의 저서 가운데 하나인 Richtiges Recht(1979)는 "정당한 법의 원리"(양창수 역, 박영사, 1986)라는 제목으로 번역된 바 있다.

2. 이 책은 그의 교수자격논문(Habilitationsschrift)[1]인 "Die Methode der Auslegung des Rechtsgeschäfts - Zugleich ein Beitrag zur Theorie der Willenserklärung"을 번역한 것이다. 이 논문은 1930년에 초판이 출판되었지만, 그 학문적 중요성으로 인해 1966년에 다시 재판이 발간되었다(Alfred Metzner Verlag: 초판과 재판은 내용상 아무런 차이가 없으며, 다만 재판에는 저자의 후기가 부가되어 있다). Larenz는 이 책을 통해 의사표시의 본질론과 관련하여 이른바 효력주의(Geltungstheorie)를 제창하였다. 19세기 이래 독일 민법학상 의

1) 독일에서는 박사학위 취득 후 다시 교수자격논문이 통과되어야 비로소 강단에 설 수 있는 자격을 가진다. 그리고 대부분의 경우 교수자격논문을 통해 드러난 학문적 경향이 그 이후의 학문적 활동방향을 결정짓기 때문에, 대학자의 교수자격논문은 그의 학문세계를 탐구함에 있어 매우 중요한 의미를 가진다고 할 수 있다.

사표시의 본질을 둘러싸고는 의사주의(Willenstheorie)와 표시주의(Erklärungstheorie)라는 두 가지 이론이 크게 대립하고 있었다. 그는 이러한 대립은 의사표시에 있어서 의사와 표시를 분리해서 파악하는 이원론(Dualismus)에 기초를 두고 있다고 비판하면서, 이를 극복하기 위한 대안으로서 효력주의를 제시하였다.

그가 제창한 효력주의는 그 뒤 Dulckeit, Nipperdey, Wieacker 등의 지지를 얻게 된다. 동시에 그의 효력주의에 대해서는 결과적으로 표시주의와 다를 바 없다는 비판도 제기된다(Flume). 그러나 그의 이론이 의사표시를 일정한 법적 효력에 향해진 효력표시 또는 효력지시로 파악함으로써 하나의 통일적 존재로서 의사표시의 본질을 이해하는 데 크게 기여했음은 누구도 부정할 수 없다. 따라서 독일민법을 계수한 우리나라에 있어서도 의사표시의 본질을 둘러싼 민법학상의 논쟁을 이해하기 위하여 이 책은 반드시 일독해야만 하는 자료라고 할 수 있다.

3. 본 번역서는 전혀 시장성이 없음에도 불구하고 서강대학교 출판부의 지원을 얻어 세상의 빛을 볼 수 있게 되었다. 이 자리를 빌려 서강대학교 출판부 특히 출판부장을 맡고 계신 우찬제 교수께 깊은 감사의 말씀을 드린다.